광주와 다카에서 예수 그리스도의 복음을 전하는 선교사로, 환자를 긍휼히 여기는 의사로 살았던 닥터 카딩턴의 아름다운 유산은 우리 병원 직원들의 가슴속에 거룩한 부담으로 다가오는 현재진행형이다. 이 책을 통해 히포크라테스 선서를 하며 의사의 첫 소명을 다짐하던 때로 돌아갈 수 있었다. 특히 그와 함께한 이들의 전설 같은 증언을 통해 가난하고 병든 자의 참 이웃이었던 카딩턴 원장을 만날 수 있어 감사하고 행복했다.
최용수 광주기독병원장

어릴 적, 내 어머니가 운영하던 순천기독결핵재활원의 환자들을 돌보러 순천에 늘 왔던 카딩턴 선교사를 기억한다. 순한 양 같던 그는 미국 남장로교의 가장 헌신적인 선교사였다. 형편이 어려운 환자들을 위해 자기 호주머니를 털고, 입고 있던 외투도 벗어 주고, 집에 찾아온 사람들에게 쌀도 퍼 주는 모습을 보며 어머니는 그 집이 어떻게 가정을 꾸려 가는지 모르겠다며 걱정하셨다. 예수님의 얼굴이 어린 참된 제자의 모습을 그에게서 보았다.
인요한 연세대학교 의과대학 교수

이 책을 통해 숭고한 성자로 살다 간 허버트 카딩턴 선교사의 생애를 알게 되었다. 영남 지역에 장기려 박사가 있었다면 호남 지역에는 카딩턴 선교사가 있었다. 두 사람 모두 동시대에 한국에서 가난하고 병든 자들에게 주님의 사랑을 몸소 실천했다. 책을 읽는 내내 진한 감동과 여운으로 기독의사로서의 삶에 도전이 되었다. 모든 그리스도인들이 꼭 읽어 보기를 권한다.
최영식 고신대학교 의무부 총장/복음병원장

이 책에서 그리스도를 보았고, 그리스도인이 나아가야 할 길을 보았다. 한국교회가 닥터 카딩턴 같은 그리스도인들의 사랑과 섬김, 그리고 이들이 양육한 사람들의 헌신 위에 세워졌음을 분명히 알 수 있다. 나는 누가회(CMF) 지체들에게 닥터 카딩턴에 대해 이야기하고 그와 같은 의료인이 되라고 가르칠 것이다. 이 땅의 그리스도인들이 카딩턴을 알고 그와 같이 빛과 소금의 삶을 살기를 기도한다.
임성재 한국누가회 대표간사

책을 읽는 내내 눈물을 훔쳤다. 카딩턴 부부의 50년 선교사 일생은 거룩함과 겸손함, 영혼을 뜨겁게 사랑하는 예수님의 모습을 선명히 보여 준다. 그가 돌보았던 수많은 환자들, 가난한 이들, 절망 속에서 치료와 위로를 받고 복음 안에서 새 삶을 얻은 당시 사람들은 물론, 그의 사랑의 정신과 삶을 본받은 '카딩턴의 사람들'이 지금도 곳곳에서 세상의 치유자들로 섬기고 있다. 이제 이 책을 통해 새로운 카딩턴의 후예들이 수없이 일어날 것을 믿는다.
박준범 전 예멘 의료선교사, 인터서브선교회

한 사람의 생애가 이토록 아름답고 멋질 수 있을까? 책장을 넘기며 얼마나 눈시울이 뜨거워졌던지! 1949년 세계 최빈국인 우리나라에 찾아와 진액을 쏟아붓고, 50대 중반의 나이에 다시 방글라데시로 가서 은퇴한 이후 80세가 되기까지 가난하고 병든 이들의 친구로 살았던 닥터 카딩턴은 내가 아는 그분, 예수님을 꼭 빼어 닮았다. 이 책을 통해 그 사랑의 빚을 기억하고 그의 삶을 닮아 가기를 소망한다.
김형익 벧샬롬교회 담임목사

닥터 카딩턴의 생애는 한마디로 감동이요 충격이다. 도대체 어디에서 그런 희생과 인내가 나온 것일까? 한 사람이 그토록 많은 사람에게 영향을 준 원동력은 무엇일까? 그 답은 분명하다. 그것은 행함과 함께 일하는, 사랑으로 역사하는 그의 믿음이다. 진정 믿음이 무엇인지 알고 싶다면 이 책을 읽으라. 당신 안에 예수님이 산상수훈에서 가르치신 대로 살고 싶은 열망이 일어날 것이다.
도지원 예수비전교회 담임목사

카딩턴 선교사는 잃어버린 영혼들을 위하여, 밟히고 버려진 진토처럼 가장 밑바닥으로 밀려 내려간 사람들을 위하여, 세상의 가장 끝 막장에서 겨우 연명하는 사람들을 위하여, 자신을 일평생 인도하신 선한 목자가 그랬던 것처럼 긍휼과 자비의 삶을 살았다. 그가 사역하던 제중병원은 무료 환자가 줄을 이었고 6.25전쟁 후 가난과 질병과 절망 속에 신음하던 사람들에게 소망의 끈이 되었다. 카딩턴이 무의촌에 들고 다니던 환등기처럼 이 책은 그가 살았던 겸손과 긍휼의 삶을 한 장면씩 생생히 보여 준다.
송인동 호남신학대학교 교수

한국에서 25년 동안 의술을 통해 그리스도의 사랑을 전했던 카딩턴 박사는 한국의 프란시스요, 미국의 손양원이라 해도 과언이 아니다. 전쟁고아, 장애인, 가난한 사람, 전과자 할 것 없이 똑같이 사랑하고 섬겼던 카딩턴 박사, 막내아들을 잃었으면서도 한 사람이라도 더 살리려고 자신의 젊음과 의술과 소유를 다 쏟아 부은 그는 그리스도인의 삶의 표본이다.
이재서 총신대학교 총장

은혜로운 주님은 초지일관 주님 사랑, 영혼 사랑으로 달려간 선조들의 발자취를 따르는 지혜를 우리에게 깨우쳐 주신다. "하나님의 말씀을 너희에게 일러 주고 너희를 인도하던 자들을 생각하며 그들의 행실의 결말을 주의하여 보고 그들의 믿음을 본받으라"(히 13:7). 한국교회 복음의 역사 가운데 예수님의 손과 발이 되어 후세대에게 귀감이 된 허버트 카딩턴 선교사를 사모하며 결초보은의 사역자가 될 것을 다짐해 본다. 자칫 잃어버릴 뻔한 소중한 선교사의 일대기를 발굴하여 소개한 이들의 수고에 깊은 감사를 드린다.
오정호 새로남교회 담임목사, 칼넷(CAL-NET) 이사장 카딩턴의 인생 여정은 "이 시대에 예수님이 오신다면 어디에 계실까?"라는 질문에 대한 답이다. 낮고 낮은 곳, 자기에게 필요한 곳이 아닌 자기를 필요로 하는 곳, 그곳에서 평생을 보낸 한 그리스도인 의사의 이야기가 오늘날 우리 삶의 좌표를 돌아보게 한다.
정사철 기독대학인회(ESF) 대표

선교사의 전기는 흐트러진 우리 마음에 도전을 준다. 주님이 보여 주신 자기부인의 삶을 엿볼 수 있기 때문이다. 카딩턴 선교사는 세상의 모든 사람을 위해 성육신하고 십자가를 지신 주님의 사랑을 따라 살았다. 그의 사랑은 영혼을 구원하는 복음의 사랑이라는 점에서 세상의 박애정신과 다르다. 이런 면에서 그는 모든 그리스도인이 따라야 할 모델이다.
주영찬 호프선교회 대표

"사람이 선을 행할 줄 알고도 행하지 아니하면 죄니라"는 야고보서 말씀을 읽고 찔림을 받은 사람은 많지만, 온전히 실천한 이를 찾기란 쉽지 않다. 카딩턴 선교사는 이 말씀 앞에서, 의대를 갓 졸업한 청년 시절부터 시작해 가난한 한국과 더 가난한 방글라데시의 영혼을 위해 자신의 모든 것을 드렸다. 이 책을 통해 그의 삶이 내 마음을 울렸듯 많은 이들의 마음을 울리게 되기를 기대한다.
채경락 분당 샘물교회 담임목사

마태복음 28장 19-20절에 나오는 대위임령의 핵심은, 예수님이 내게 분부하신 모든 것을 모든 민족에게 가서 단순히 가르치라는 것이 아니라 그 분부를 지켜 행하도록, 즉 순종하도록 가르치라는 데 있다. 그 방법은 다름 아니라 내가 먼저 순종하는 것이다. 놀랍게도 카딩턴 선교사가 보여 준 헌신적인 삶이 오늘날 선교지로 간 한국 의료 선교사들의 삶에서 재현되고 있다.
한철호 미션파트너스 대표

한국에서 25년, 방글라데시에서 25년을 천국 시민으로 살았던 고허번 선교사는 많은 열매를 맺었다. 그중 서른다섯 명이 넘는 분들을 일일이 찾아다니며 엮은 이 책을 보면서 마음 한켠에 감동이 밀려오고 읽는 내내 울림이 있었다. 진정 하나님의 사랑을 이야기하며, 그 사랑에 듬뿍 젖어들게 하는 책이다.
홍인화 양림동 1904 아카데미 대표

거지 대장 닥터 카딩턴

나눔과 비움을 삶으로 보여준
어느 의사 이야기

거지 대장
닥터 카딩턴

이기섭 지음

좋은씨앗

거지 대장 닥터 카딩턴

초판 1쇄 발행   2019년 10월 3일
초판 2쇄 발행   2019년 10월 28일

지은이 이기섭
일러스트 김선영
펴낸이 신은철
펴낸곳 좋은씨앗
출판등록 제4-385호(1999. 12. 21)
주소 서울시 서초구 바우뫼로 156(MJ 빌딩), 402호
주문전화 (02)2057-3041 주문팩스 (02)2057-3042
이메일 good-seed21@hanmail.net
페이스북 www.facebook.com/goodseedbook

ISBN 978-89-5874-325-5 03230

이 책은 저작권법에 따라 보호받는 저작물이므로 무단전재와 무단복제를 금합니다.
이 책에 쓰인 사진은 닥터 카딩턴의 가족과 광주기독병원 및 관계자의 소유이며 허락을 받고 사용했습니다.

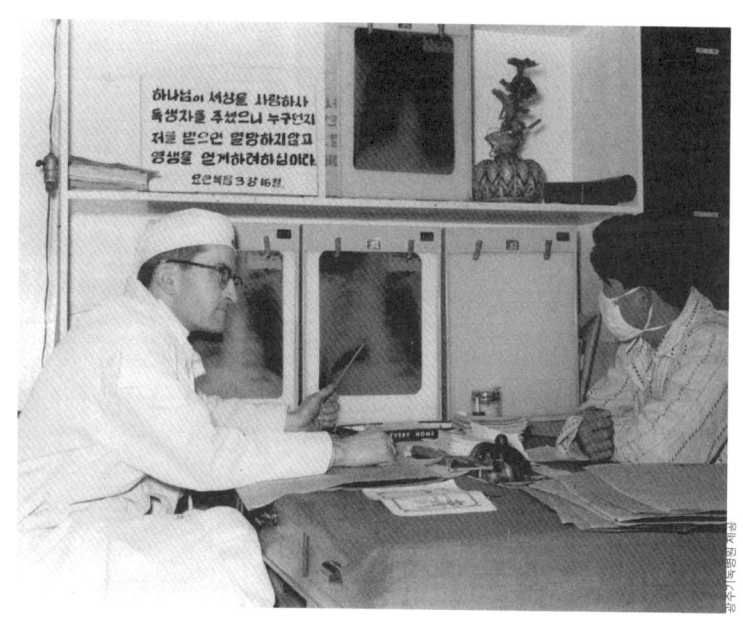

환자에게 엑스레이 사진을 보여 주며 설명하고 있는 닥터 카딩턴
그는 진료실 벽에 요한복음 3장 16절 말씀을 한글로 크게 써서 붙여 놓았다.

미국 노스캐롤라이나의 닥터 카딩턴 생가

젊은 시절의 허버트 카딩턴과 페이지 카딩턴

아내 페이지는 평생 닥터 카딩턴의 가장 든든한 조력자였다.
두 사람은 1949년 4월에 결혼식을 올리고 두 달 반 후 선교지 한국으로 향했다.

Certificate of Appointment
EXECUTIVE COMMITTEE OF FOREIGN MISSIONS OF THE
PRESBYTERIAN CHURCH IN THE UNITED STATES
INCORPORATED
NASHVILLE, TENNESSEE, U.S.A.

This is to Certify that Dr. Herbert Augustus Codington, Jr. (M.D.) was on the 16th day of October A.D. 1947 duly appointed as a Missionary of the Presbyterian Church in the United States for Service in the Mission Work conducted by said Church in Korea.

Witness my hand at the City of Nashville, Tennessee, this 20th day of June 1949.

미국 남장로교 선교부에서 한국 선교사로 임명한 증서

THE PRESBYTERIAN CHURCH (U.S.A.)
GENERAL ASSEMBLY MISSION BOARD

Testifies by this citation that

HERBERT A. CODINGTON

Has rendered dedicated service as
Medical Missionary - Physician

	from	to
Korea:	1947	1974
Bangladesh:	1974	1985

This Board recognizes with gratitude to God this loyal participation in the Commission of Jesus Christ to make disciples of all nations.

Director, Division of International Mission
Chairperson of the Board
May 1, 1985

공식적인 선교 사역을 마친 증서

닥터 카딩턴은 이후로도 1999년까지 개인적으로 방글라데시 다카에서 헌신의 삶을 이어 갔다.

재개원 당시의 광주제중병원

일제 강점기에 폐쇄되었던 광주제중병원이 1951년 9월, 닥터 카딩턴이 오면서 10년 만에 새로 문을 열었다. 닥터 카딩턴은 이곳에서 25년 동안 제5대 원장과 결핵내과 과장으로 근무했다.

완쾌되어 퇴원하는 소년과 가족, 제중병원의 의사들과 간호사들, 그리고 닥터 카딩턴(1964년)

닥터 카딩턴 부부와 여섯 명의 자녀들
앞줄 왼쪽부터 넷째 데이비드, 첫째 허버트, 셋째 메리 페이지, 둘째 줄리, 뒷줄 다섯째 루이스, 막내 필립

설교하는 닥터 카딩턴, 이를 바라보는 부인과 네 명의 자녀들

차례

1부_____선한 일을 하라

선한 일을 하라   23
미스 메리 리틀페이지 랭커스터   27
목포 부란취 병원   32
전쟁의 소용돌이 속에서   37
그들에게도 자비와 치료를   40

2부_____그 의사의 이름은 '사랑'

그 의사의 이름은 '사랑'   48
그분이 믿는 예수라면 믿지요   55
우리 원장, 병원만 압니다   63
첫 번째 안식년   68
자기가 부자인 줄 알던 거지 대장   73
열 명 중 한 사람은 참말 합니다   78

3부 보리떡 다섯 개와 물고기 두 마리의 꿈

좋은 일과 나쁜 일　89
제중병원의 기적 동자　92
보리떡 다섯 개와 물고기 두 마리의 꿈　96
생수가 나는 곳　100
사랑의 치유력　104
아기들에게 사랑 주세요　107

4부 천국은 아이들의 것

주일학교를 좋아하는 선교사 아이들　118
양림동산의 아이들　122
똥수레 밀어 주는 허비 아버지　128
가장 좋은 특효약　132
선생님, 갈 데 없습니까?　137
하나님은 실패하지 않으신다　140

5부   나는 내 환자들 못 버립니다

단벌 바지에 하얀 고무신   150
외로운 길 위의 동지들   155
내 아내는 주님의 일에 반대 없습니다   160
나는 내 환자들 못 버립니다   165
세 번째 안식년   169

6부   내가 내 양을 알고

우리가 할 일이 그것입니다   178
성직을 수행하는 의사   183
내가 내 양을 알고   186
필립의 마지막 선물   191
전도지의 또 다른 효과   195
모두 다 좋은 뉴스   199
그를 따라간 어린 의사   204

7부   고허번 원장을 만나야겠습니다

그 사람은 내 친구여   214
우리는 또 다른 거지일 뿐   220
페이지의 허락   226

그 나라를 너희에게 주시기를 기뻐하시느니라　231
고허번 원장을 만나야겠습니다　236

8부　　　　　　내 영혼아 주를 송축하라

하루의 생존마저 힘든 나라　245
통기 난민촌의 클리닉　250
가느다란 희망들　255
사과궤짝 침대, 피넛버터, 그리고 뱀부 의자 하나　259
주 안에서 기뻐하라　266
미스 박, 문제를 즐기세요　271
텔레구 클리닉　276
기쁨으로 단을 거두리라　281
내가 너희를 떠나지 아니하리라　286

에필로그　293
작가의 글　300
연표　302
미주　304
참고 논문 및 도서　311

1부

선한 일을
하라

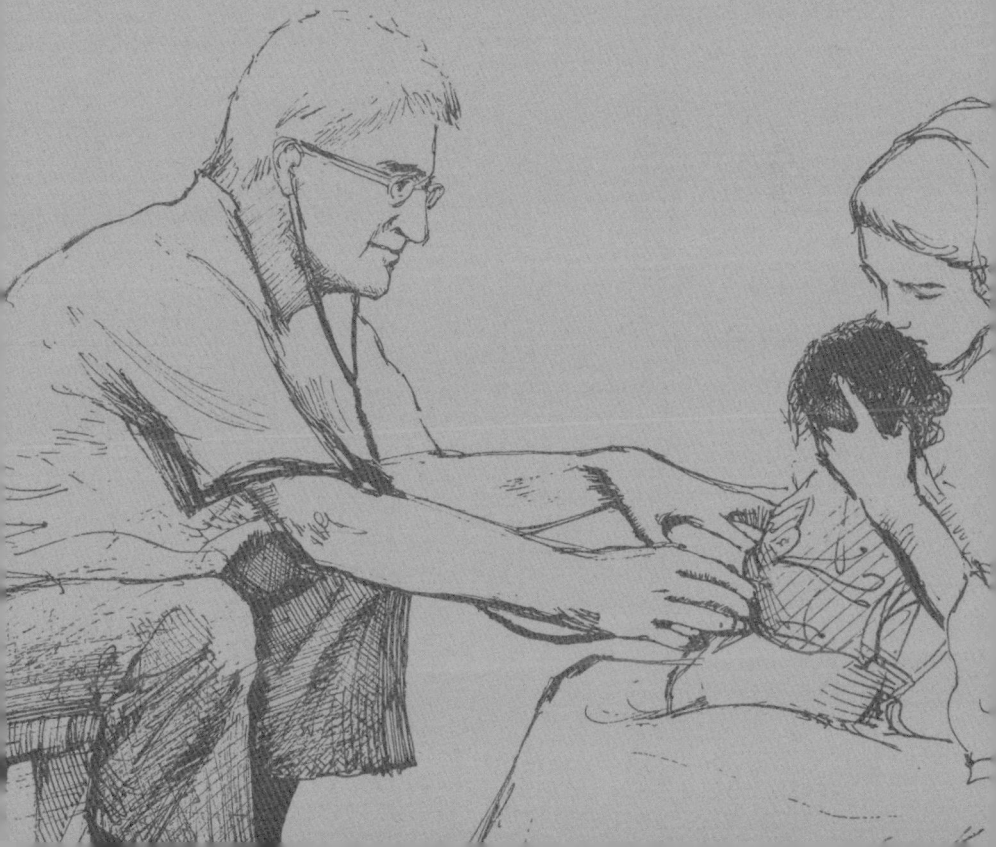

"김 선생님, 큰일 났어요. 환자가 쓰러져 숨을 못 쉬어요."

간호사가 복도를 달려와 문을 열고 소리 질렀다. 당직을 서던 인턴 김 선생은 벌떡 일어나 달려 나갔다. 화장실 앞에 중년 여자가 쓰러져 있었다. 폐결핵 환자였다. 용변을 보다 각혈을 했는지 피투성이 옷도 추스르지 못한 채였다. 눈은 풀려 있고 입과 코는 위에서 나온 토사물과 쏟아 낸 피로 꽉 차 숨을 못 쉬고 얼굴은 창백했다.

'구강 내 이물질 제거……기도 확보……인공호흡……구강 대 구강……'

의사가 해야 할 응급처치는 교과서처럼 빠르게 떠올랐다. 하지만 그는 손가락 하나 까딱할 수 없었다. 그의 눈에는 숨이 막혀 죽어 가는 환자보다 그녀의 입에서 흘러나와 굳어 있는 핏속의 무수한 결핵균들이 보였다. 의사의 의무와 감염의 두려움이 뒤엉켜 그의 머릿속은 하얗게 비어 갔다.

그때였다. 의사 가운을 입은 남자가 급하게 달려왔다. 그는 환자 입을 벌려 피와 토사물을 맨손가락으로 긁어 냈다. 환자가 무의식적으로 물면 의사의 손가락이 잘려 나갈 수도 있었다. 기도를 막고 있는 핏덩이가 빠지지 않자 그는 거침없이 환자 입에 자기 입을 대고 빨아내기 시작했다. 굳은 핏덩이가 빠져나오자 그는 인공호흡을 시작했다. 그의 동작에는 어디 하나 망설임이 없었다. 물 흐르듯, 노련하게, 응급환자를 대하는 의사로서 처치가 완벽했다.

아니었다. 아무 의사나 할 수 없는 행동이었다. 의사가 아니라 어린 자식의 생명을 구하기 위해 균이 우글대는 피와 고름을 직접 입으로 빨아내는 어머니 같았다.

김 선생은 구토가 일었다. 그는 눈앞의 장면을 믿을 수 없었다.

"오매, 오매, 또 저러시네."

옆에 있던 간호사가 탄식을 했다. 그녀는 한두 번 보는 장면이 아닌 듯했다.

환자가 거친 숨을 쉬며 호흡을 시작했다. 살아난 것이다.

"예, 좋습니다. 안심하세요."

의식이 돌아온 환자에게 그는 다정하게 말하고 양치질을 하기 위해 성큼성큼 사라졌다. 그 의사는 닥터 카딩턴. 미국 남장로교 선교사이자 광주제중병원 원장이었다.

김 선생은 당직실로 향했다. 다리가 후들거렸다. 고개를 들 수 없을 만큼 자괴감이 들었다. 아직 어린 의사지만 당연히 자신이 해야 할 응급처치를 못했다는 것이 한없이 부끄러웠다.

'예수 잘 믿는 선교사니까 그렇게 할 수 있겠지.'

그는 자신이 주일예배에나 참석하는 신자라는 것에 애써 위안을 했다. 김 선생은 의대를 졸업하고 전주 예수병원이나 광주기독병원에 들어오기 위해 형식적으로 세례를 받았다. 그에게 의사란 존경받고 돈도 많이 벌어 안락한 삶이 보장되는 직업일 뿐이었다.

오늘, 그는 닥터 카딩턴에 대해 들려오던 믿을 수 없는 이야기 중 하나를 목격했다. 그는 진심으로 카딩턴을 존경했지만 의사가 그처럼 살아야 한다면 그것만큼은 사양하고 싶었다.

어두컴컴한 복도를 지나 당직실 문을 열었다. 켜 놓고 간 전등불이 환히 빛나고 있었다. 순간 다른 방의 문을 열고 들어선 것 같은 착각이 들었다.

진짜 의사의 길은 그가 생각하던 것과는 아주 다를 수 있겠다는 불안감이 엄습했다.

한국 이름 고허번, 닥터 카딩턴 때문이었다.

선한 일을 하라

　허버트(Herbert Augustus Codington Jr.)는 마음을 정하지 못했다. 그의 앞에는 코넬, 존스 홉킨스, 콜롬비아 등 여러 의대에서 날아온 카탈로그가 잔뜩 펼쳐져 있었다. 사실 그는 의사라는 직업에 그다지 매력을 느끼지 못했다. 의대에 진학하기 위해 노스캐롤라이나 주 데이비슨 대학에서 프리메드(Pre-Med) 과정을 이수했지만, 꼭 의사가 되어야 할지를 결정하지 못했다. 아버지(Herbert Augustus Codington Sr.)는 존스 홉킨스 의대를 나온 외과의사였다. 제시 펙(Jesse peck)과 볼티모어에서 결혼한 뒤, 윌밍턴으로 옮겨 와 병원을 개업했다. 아버지는 실력 있고 존경받는 의사이자 교회 장로였다. 허버트의 동생인 존과 헬렌 역시 의사가 되고 싶어 했고, 실제로 존은 외과의사, 여동생 헬렌은 안과의사가 되었다.

　허버트의 소년 시절은 미국의 격동기였다. 1929년부터 10년에 걸쳐 경제대공황이 있었고, 제2차 세계대전이 일어났다. 파산과 실업자가 넘치던 시절에는 아버지의 병원에도 환자들이 돈 대신 야채나 달걀로 진료비를 치렀다. 아버지는 장남인 허버트가 의사가 되어 자신의 병원을 이어받기를 바랐다.

허버트는 독서를 좋아하는 진지한 청년이었다. 뉴하노버 고등학교에 다닐 때도 지적인 것을 추구하는 클럽에 들었다. 여동생 헬렌은 오빠가 어릴 때부터 주위 사람들로 하여금 '이 아이는 장차 어떤 사람이 될 것인가' 하는 기대를 갖게 했다고 말했다. 그의 고등학교 선생님은 반 학생들이 모두 A가 정답이라고 말해도 허버트 혼자 B라고 한다면 자신은 허버트의 답을 믿겠다고 증언했다. 그에게 성경을 가르친 조 개리 박사는, 허버트가 뒤에 조용히 앉아 토론에 적극적이지 않았지만 결정적인 답변을 내놓는 총명한 학생이었다고 말했다.

그는 훤칠하고 미소가 매력적인 남학생이었다. 그러나 데이트를 해도 한 여학생을 두 번 이상 만나지 않는 것으로 유명했다. 혹시 그 여학생이 오해해서 결혼하고 싶어 할까 봐 마음을 다치지 않게 하려는 배려였다.

닥터 허버트 카딩턴은 1920년 10월 7일, 노스캐롤라이나 주 뉴하노버 카운티의 행정도시 윌밍턴 시 체스트넛 스트리트 1612번지에서 태어났다. 붉은 벽돌로 지은 규모가 제법 큰 2층 집은 아직도 남아 있다. 어머니 제시 펙 카딩턴은 볼티모어의 가우처 칼리지를 나온 자그마하고 아름다운 부인으로 맏아들 허버트를 많이 사랑했다.

허버트는 아이비리그에 속한 미국 동부 코넬 대학교 의대로 진학했다. 1944년에 졸업을 하고, 1945년 7월부터 이듬해 12월 15일까지 미국 육군의료단에서 주로 배를 타면서 군복무를 했다. 복무 후에는 사우스캐롤라이나 섬터(Sumter)에 있는 투어미(Tuomey) 병원에서 인턴을 했다. 미국은 아직 인종차별이 엄격할 때였다. 링컨이 노예제도는 폐지했지만 모든 공공기관과 학교, 교회, 식당, 호텔, 극장, 술집, 심지어 음료수대도 따로 있었으며, 대중교통도 백인과 흑인 지정석이 있었다. 병원의 병동 역시 백인용과 흑인용이 따로 있었다. 허버트는 보수적인 기독교 지역이지만 인종차별은 심했던 노스캐롤라이나에서 나고 자랐다. 하지만 그는 사람들로부터 인종차별이 전혀 없는 의사라는 말을 들었다.

섬터에서 인턴 생활을 하며 허버트는 인생을 결정짓는 계기를 만났다.

> 나는 이때 규칙적으로 성경을 읽었다. 어느 날 야고보서 4장을 읽었는데 그 가운데 한 구절이 나를 강타했다. "사람이 선을 행할 줄 알고도 행하지 아니하면 죄니라"(7절). 이 말씀을 읽는 순간 내가 무엇을 해야 하는지 깨끗하게 정리되었다.[1]

그의 일생을 사로잡은 말씀, "선을 행하기" 위해 그가 결심한 것은 예수님께서 제자들에게 마지막으로 명하신 "너희는 온 천하에 다니며 만민에게 복음을 전파하라"는 말씀을 따라 의료선교사가 되어 중국으로 나가는 것이었다.

허버트의 마음은 시간이 갈수록 확고해졌다. 그는 하나님께서 이 길을 기뻐하신다는 것을 알았다. 그가 다니던 윌밍턴 제일장로교회는 중국에 파송된 미국 남장로교 선교사들을 지원하고 있었다. 이것이 그가 중국 선교사로 지원하려는 데 영향을 주었다.

그는 리치몬드에 있는 유니온 신학교를 1년 다녔다. 남장로교 선교부는 전문직 선교사들에게도 신학 공부를 권했다. 그 역시 의사로서 육신의 병을 고치면서 영적인 치유까지 하는, 신학과 의학을 겸비한 선교사가 되고 싶었다.

1947년 10월 16일, 그는 미국 남장로교 선교회 선교부에서 한국 선교사로 임명받았다. 기간은 3년이었다. 그가 원래 원한 곳은 중국이었지만 선교부에서는 한국을 권했다. 중국은 공산당 세력이 강해지면서 미국 선교사들이 철수를 앞두고 있었다. 허버트에게 지역은 중요하지 않았다. 중국이든 한국이든 하나님께서 원하시는 곳으로 가면 된다고 생각했다.

그는 예일 대학교에 있는 동양어학연구소에 들어가 한국어를 배우기 시작했다. 바울처럼 독신으로 살면서 오직 하나님 일에만 헌신하려는 마음은 굳어졌다. 하지만 주님은 그를 위해 다른 계획을 세워 두고 계셨다.

미스 메리 리틀페이지 랭커스터

고풍스러운 예일 대학교 캠퍼스를 들어서는 메리 리틀페이지 랭커스터(Mary Littlepage Lancaster)의 발걸음은 가벼웠다. 예일대 동양어학연구소에서 듣기로 되어 있는 중국어 수업의 오리엔테이션이 있는 날이었다. 푸른 눈에 밝은 갈색 머리, 그리고 기품 어린 매력이 있는 페이지는 중국 선교사로 나갈 준비를 하고 있었다. 페이지의 부모님은 선교사로 중국에서 사역 중이었다. 코네티컷 주 뉴헤이븐에 있는 예일 대학교는 1943년에 정부의 요청으로 중국어 강좌를 개설한 후로, 미군과 외교관, 선교사들을 위해 속속 한국어와 일본어 강좌를 열고 있었다.

많은 사람들이 모여 있는 가운데 그녀의 눈에 한 남자가 들어왔다. 마른 체격의 180센티미터 가깝게 훌쩍 큰 키, 단정한 갈색 머리 아래 총명하고 친절한 눈빛을 가진 청년이었다. 닥터 허버트 카딩턴.

페이지의 가슴이 두근거렸다. 두 사람은 이미 만난 적이 있었다. 리치몬드 유니온 신학교 학장인 페이지 어머니의 사촌이 그 둘을 소개해 주었다.

"이 청년은 앞으로 선교사로 나갈 닥터 허버트 카딩턴이고, 이 아가씨는 역시 선교사로 갈 미스 메리 리틀페이지 랭커스터입니다."

사실 페이지는 그 청년에 대해 이미 주위의 여러 사람들로부터 듣고 있었다.

'그를 여기서 다시 만나다니.'

어느 날인가, 유명한 피터 마샬 목사의 설교가 있었다. 그러나 페이지의 귀에는 그 설교가 들리지 않았다. 닥터 허버트 카딩턴이 두 명의 아리따운 아가씨 사이에 앉아 있는 것에 신경이 온통 쏠려 있었기 때문이었다.

페이지는 1922년 9월 17일, 중국 난징에서 출생했다. 그녀의 아버지 루이스 홀러데이 랭커스터(Lewis Holladay Lancaster) 목사는 중국에서 태어나 리치몬드에 있는 유니온 신학교를 나온 후, 중국 난징 신학교 교수로 있었다. 페이지의 친할아버지 리처드 베너블 랭커스터(Richard Venable Lancaster) 역시 선교사로 중국에서의 사역을 마친 후, 미시시피 주 잭슨에 있는 벨헤이븐 대학 총장을 역임했다.

페이지의 어머니 엘리자 에이켄 네빌(Eliza Aiken Neville)은 장로교 대학을 졸업하고, 1917년 중국 선교사로 나가 주로 여학교를 운영했다. 페이지의 아버지와 어머니는 1919년 중국에서 결혼을 하고 세 명의 아이들을 낳았다. 그중 둘째 딸이 페이지다.

페이지의 부모님은 중국에서 여러 번 위험에 처했다. 반지를 주지 않으면 손가락을 잘라 버리겠다는 협박도 당했고, 공산당에 의해 집이 불탔으며, 페이지의 아버지는 죽임을 당할 지경에서 겨우 살아나기도 했다. 페이지는 상하이에 있는 선교사 자녀들을 위한 여학교를 졸업하고 미국으로 와서 아그네스 스콧 대학교에 들어갔다.

페이지의 외가는 미국 남장로교단에서 유명한 선교사 집안이었다. 외할아버지 윌리엄 G. 네빌은 1904년부터 1907년까지 장로교대학 학장을 지냈다. 외삼촌 W. G. 네빌 주니어는 브라질 선교사로 헌신했다. 페이지의 남동생도 선교사를 지망했고, 후에 일본 선교사가 되었다.

페이지는 심리학을 전공하면서 과외활동으로 '블랙프리아스'라는 드라마클럽 회장을 했다. 토요일에는 소아마비 아이들을 위한 봉사를 했다. 그녀는 자신도 선교사가 되고 싶었다. 어릴 적 중국 선교지에서 만난 훌륭한 부부 선교사가 있었는데, 남편은 의사이고 아내는 간호사였다. 그들을 본받아 페이지도 간호사가 되고 싶었다. 하지만 그녀 주위에는 의료 쪽에 종사하는 사람이 없었다. 페이지가 간호사가 되고 싶다고 하자 그녀의 아버지는 "우선 하던 공부나 마저 마치고 보자"고 했다. 페이지의 아버지는 그녀가 교사가 되기를 원했다.

페이지는 대학을 졸업하고 2년 동안 사우스캐롤라이나 웨지필드에서 교사 생활을 했다. 그러나 간호사 신분으로 선교사가 되려는 꿈을 버릴 수 없었다. 그녀는 교사를 그만두고 뉴욕에 있는 컬럼비아 장로교 간호학교에 들어가 간호사 자격을 땄다.

이제 선교사로 나갈 준비는 다 마쳤다. 남은 것은 결혼하고 같이 선교지로 들어갈 신랑감을 만나는 일이었다. 그녀의 나이는 26세였다. 선교사 사회에서는 과연 페이지가 어떤 신랑을 만날 것인지 대단한 관심과 흥미를 가지고 지켜보고 있었다.

허버트와 페이지는 예일대 동양어학연구소를 다니면서 데이트를 시작했다. 두 사람은 서로 사랑했고, 누가 봐도 어울리는 한 쌍이었다. 중국 선교는 막혔으므로 둘은 한국을 선교지로 선택했다. 그러나 결정적인 순간에 허버트는 프러포즈를 미루었다. 데이트를 하고 헤어져 집에 돌아가면 금방 다시 보고 싶어 하면서도 허버트는 결혼을 망설였다. 이유는 한 가지였다. 그는 독신으로 선교에 헌신하며 살고 싶었다. 결혼을 하면 주님의 일에 소홀하든지, 아니면 가족을 돌보기 어렵든지 둘 중 하나가 될 것 같았다. 그러나 허버트와 페이지는 헤어질 수 없었다. 대신 약속을 했다.

"주님의 일을 하는 데 있어 무슨 일이든 순종할 것."

페이지의 순종을 전제로 허버트는 선교 사역을 거침없이, 자유롭게, 성령이 이끄시는 대로 행했다. 그러나 가장 중요한 일을 결정할 때는 페이지의 허락이 떨어질 때까지 기다렸다.

두 사람이 서둘러 결혼을 할 수 있었던 또 한 가지 이유가 있었다. 선교지로 떠나야 할 날은 다가오는데 결혼을 머뭇대는 허버트에게 선교부 관계자는 넌지시 말했다.

"한국으로 가는 배의 선실을 따로따로 두 개 빌리는 것보다 결혼해서 하나만 빌리는 게 선교비가 싸게 먹힙니다."

허버트는 곧장 프러포즈를 하고, 페이지는 얼른 응답을 했다. 3주 후 1949년 4월 8일, 두 사람은 사우스캐롤라이나 주 섬터에 있는 제일장로교회에서 결혼식을 올렸다. 페이지가 다니던 교회였다. 페이지의 부모님은 중국에 있어 참석할 수 없었다. 그러나 신랑 신부 둘 다 장로교인이고, 둘 다 의학에 관심이 있고, 둘 다 선교사로 나가는 것에 대단히 만족했다.

두 달 반 후인 6월 30일, 두 사람은 로스앤젤레스에서 일본으로 가는 아프론디아(SS Afrondia) 호를 타고 한국으로 향했다. 닥터 카딩턴은 한국에서 요긴하게 쓸 엑스레이 기기를 한 대 사서 배에 실었다.

두 사람에게 선실은 하나로 충분했다.

목포 부란취 병원

닥터 카딩턴 부부는 엄청난 안개를 뚫고 한 달 가까운 항해 끝에 일본 고베에 도착했다. 그곳에 잠시 머문 다음 서울로 왔다. 마중 나온 닥터 탈메이지(J. V. N. Talmage)와 함께 트럭을 타고 광주를 향해 갔다. 첫날, 바퀴 네 개가 펑크가 나서 160여 킬로미터 밖에 가지 못했다. 그들은 한국 장로교회 총회 의장인 목사의 집에서 하룻밤을 보내고 7월 22일, 드디어 선교지인 목포에 도착했다.

목포 선교부에는 1946년 여름부터 조셉 하퍼(Joseph Hopper) 선교사 부부가 들어와 있었고, 1948년 군산 선교부가 닫히는 바람에 목포 선교부로 온 탈메이지 목사 부부와 아다 맥머피(A. McMurphy) 여선교사가 있었다. 목포 선교부에는 작은 병원이 있었지만 의사가 없어 닥터 카딩턴이 꼭 필요했다.

카딩턴 부부는 자신의 집이 생길 동안 하퍼와 탈메이지 두 선교사의 집에서 하숙을 했다. 그들은 한국에 도착해 처음으로 보내는 선교편지에서 병원의 현황을 이렇게 적었다.

이곳 목포 병원은 점차 사용 가능한 상태가 되어 가고 있습니다. 바닥부터 미장공사, 창문유리, 페인트, 배관공사를 하고 있습니다. 실질적으로는 아직 장비가 없지만, 곧 물건들을 주문할 것입니다.
특히 진찰을 하려면, 병원 일을 시작하기 전에 적어도 6개월은 언어에 집중해야 하는 것이 분명합니다. 오늘 미스 맥머피가 나에게 한국어를 가르쳐 줄 청년 한 명을 데려왔습니다. 그 청년이 영어를 거의 하지 못하기 때문에 저는 '죽기 살기로' 배워야 할 처지입니다.[2]

병원은 고쳐야 할 곳이 많았지만, 비교적 상태가 좋았다. 선교사들의 도움으로 세브란스 의전을 나와 프렌치 병원 원장과 정명여자중고등학교 교장, 그리고 해방 후 미군정 시절 초대 임시 목포시장을 지낸 최섭 선생 덕분이었다.[3]

미국 남장로교는 다른 기독교 교파에 비해 해외선교를 비교적 늦게 시작했다. 엘리아스 B. 인슬리(Elias B. Inslee) 목사 부부를 중국으로 보낸 것이 1861년이었다. 한국에는 1892년 전킨과 레이놀즈, 테이트 선교사 등 7명이 파송되어 주로 전라도 지방을 중심으로 사역을 했다. 1898년 봄, 목사이자 의사인 클레멘트 오웬(Rev. Dr. Clement C.

Owen, 오기원)이 목포에서 의료선교를 시작했고, 1916년 로이 리딩햄(Dr. Roy S. Leadingham) 선교사가 찰스 프렌치(Charles W. French)가 남긴 유산으로 찰스 프렌치 병원을 완공했다.[4] 목포 사람들은 주로 가난한 조선인들을 치료해 주던 이 병원을 부란취(富蘭翠)라는 아름다운 이름으로 부르며 사랑했다. 1940년, 미국 남장로교 선교부는 일제가 요구하는 신사참배를 거부하고, 한국에 있는 선교부 산하 모든 병원과 학교를 닫고 철수했다가 해방 후 1946년부터 다시 복귀했다.

1945년 일제가 물러가자 우리나라에는 의료 공백이 생겼다. 일본인들이 우리에게 선진 의료교육을 허락하지 않았기 때문에 그들이 철수한 자리에 들어갈 마땅한 한국인 의료인들이 부족했다. 인력뿐 아니라 약품도 없었다. 천연두, 콜레라, 소아마비, 홍역 등의 전염병이 돌았고, 한센병 환자들이 거리와 집집으로 구걸하러 다녔다. 위종양, 담낭염, 폐결핵, 탈장 같은 위급한 병들과 거대 갑상선종, 낭종, 구순구개열, 화상 근육위축과 결핵성 신체변형 등 수술해야 하는 환자들은 넘쳤지만 외과의사를 만나기는 더욱 어려웠다.[5]

목포 시내에 나갔던 닥터 카딩턴의 눈에 길가에 앉아 있는 한 젊은 여자가 들어왔다. 그녀의 다리에는 크게 벌어진 종양이 있었고, 팔은 영양실조로 퉁퉁 부어 있었다. 검사하면 다른 병들도 있을 게 분명했다. 많은 사람들이 그녀 곁을 지나갔지만 그녀는 아무도 쳐다보지도 않았다. 그녀는 아무 희망이 없어 보였다.

닥터 카딩턴은 한국어를 다 익히기도 전에 환자들을 만나야 했다. 검은 교복을 입은 한 남학생이 그를 찾아왔다. 겁먹은 토끼 같은 눈을 하고, 아파서 집에 누워 있는 자기 아버지를 제발 보러 가 달라고 애원했다. 소년의 몸짓만 보아도 그의 아버지가 병환이 위중하고 상황은 이미 절망적임을 알 수 있었다. 다른 노동자의 아내도 악성질환으로 심각하게 아팠다. 그 고통을 줄여 줄 방법이 없었다.

닥터 카딩턴은 안타까운 마음을 편지에 이렇게 적었다.

우리는 단순히 기회가 되어 이곳에 온 것이 아니라 거룩한 책임감을 가지고 그런 사람들을 위해 여기에 왔습니다. 우리가 예수님의 이름으로 이 생명들에게 다가가는 자유로운 기회를 언제까지 가질 수 있을지 모릅니다.[6]

선교 현장에서 도움이 필요한 사람을 즉시 도와야 하며, 선을 행할 기회를 놓치지 말아야 한다는 그의 신념은 굳어졌다.

카딩턴 부부는 목포에 사는 한국인들과도 교류를 시작했다. 교회에 다니는 여성 세 명이 페이지를 방문했다. 그들은 크리스마스 선물로 닭을 가져왔다. 페이지는 말은 안 통하지만 좋은 친구들을 만나게 된 것을 기뻐했다.

카딩턴 부부가 보기에 한국교회 목사들이 입는 옷이 흥미로웠다. 보통은 서양식 신사복을 입지만, 어느 곳에서는 대학교 가운 같은 것을 입기도 하고, 추수감사절에 방문한 작은 시골교회의 목사는 줄무늬 바지에 모닝코트를 입고 설교를 했다. 그들은 한국 목사들이 보통 사람들보다 교육을 많이 받고 '구별된 사람들'로 받아들여지고 있기 때문에 '특별한 옷'을 입는다는 점을 이해했다.

카딩턴 부부는 노방전도도 시작했다. 시장에서 전도용 소책자를 나눠 주었는데 사람들이 호기심에 열심히 읽기도 하고 고개를 끄덕이기도 했다. 언어가 자유롭지 않은 선교사들에게 소책자는 효과적인 전도 도구였다. 부자와 중산층, 거지들까지 모두 모여 있는 시장에서 파란 눈, 노란 머리의 미국인 선교사들은 호기심의 대상이었다. 한국말이 유창한 고참 선교사들이 능숙하게 물건 값을 흥정하는 모습을 보면 한국사람들은 감탄을 했다. 하지만 신입 선교사들은 자신이 비웃음거리가 되는 것은 아닐까 걱정을 했다. 카딩턴 부부는 한국의 여러 가지 문화와 관습과 음식이 낯설지만, 겸손하게 이것들을 이해하며 배워 나가기로 했다.

여기 오래 있을수록, 어디에 살든 모든 사람들이 얼마나 비슷한지를 깨닫습니다. 우리는 새로운 관습과 새로운 맛, 새로운 색깔의 조합을 배워야 합니다.[7]

전쟁의 소용돌이 속에서

새해는 평화롭게 시작되었다. 특히 카딩턴 부부에게는 큰 기쁨이 있었다. 1950년 3월 26일, 맏아들 허버트 유진이 전주 예수병원에서 태어났다. 전주 예수병원은 닥터 카딩턴의 대학 친구이자 동료 선교사인 닥터 크레인이 원장으로 있었다. 아기는 아마빛 머리에 파란 눈동자를 가졌다. 페이지는 아들이 남편을 많이 닮았다고 느꼈으나 주위 사람들은 페이지의 친정아버지를 닮았다고 했다.

닥터 카딩턴 가족은 연례 선교회 회의에 처음으로 참석하기 위해 6월 21일 목포에서 전주로 떠났다. 나흘 동안 회의를 하고 25일 오후, 로빈슨 목사가 집례하는 성찬식과 축도까지 막 마쳤을 때 선교사들은 북한군이 쳐들어 왔음을 알았다. 북한의 침략 가능성을 알고 있었음에도 불구하고 막상 전쟁이 터지니 선교사들은 무척이나 놀랐다. 선교부의 지시가 있을 때까지 그들은 기도하며 기다릴 수밖에 없었다.

　다음 날 자정쯤 되어서야 미국 영사로부터 즉시 부산으로 떠나라는 지시가 왔다. 27일 화요일 아침 일찍, 선교회가 소유한 모든 차량들, 지프 차, 스테이션왜건, 세단, 트럭들을 다 동원해 선교사들과 병원의 기구들을 싣고 부산으로 떠났다. 각 선교부에는 지원자 두 명이 남아 있기로 했다. 닥터 카딩턴은 남기로 하고 이미 전주를 떠난 동료들을 돕기 위해 광주를 거쳐 목포로 가서 머물렀다. 광주의 여선교사 플로렌스 루트(Florence Root, 유화례)도 교인들을 버리고 혼자 피난할 수 없다며 다시 광주로 돌아갔다. 그녀는 트럭을 이용해 고아들과 피난민들을 안전한 곳으로 옮겨 주었다. 광주가 북한군에게 점령당하자 그녀는 산속으로 숨어 다니며 큰 곤욕을 치렀다.

　전라도에 머물렀던 그들은 서울 근처에 있던 선교사들보다는 운이 좋았다. 서울 지역은 선전포고도 없이 갑자기 침공해 온 북한군 때문에 급히 피난을 떠나야 했다. 그나마 차량이 고장나 모든 짐을 다 버리고 몸만 부산으로 갔다. 부산에는 그들을 싣고 갈 일본행 배가 기다리고 있었다.[8]

　목포로 간 닥터 카딩턴은 그 지역의 기독교인들을 피신시키다가 자신이 떠날 시간을 놓쳤다. 부산으로 가는 가장 좋은 길은 광주를 통해 가는 것이었지만, 그곳은 이미 북한군이 점령한 터였다. 닥터 카딩턴은 순천을 거쳐 남해안을 따라 마산을 경유해 부산으로 가는 길을 택했다.

그 길은 비포장 도로였다. 그보다 더 신경을 곤두세울 수밖에 없었던 것은 언어도 잘 통하지 않는 낯선 나라에서 생소한 곳을 달려가는데 과연 북한군이 그가 가는 길에 얼마나 근접해 있는지 알 수 없었기 때문이었다. 순천에 도착한 그는 기차역 근처로 차를 몰고 가다가 역 앞에 한 무리의 미군들이 모여 있는 것을 보았다. 그 순간 말로 표현할 수 없는 엄청난 안도감이 그를 휩쓸었다. 그는 차에서 내리면서 병사들에게 소리쳤다.

"당신들을 만나서 얼마나 기쁜지 모릅니다."

부대장인 듯한 미군이 그에게 다가오며 말했다.

"우리도 반갑습니다만, 이 길 위쪽 30여 킬로미터 떨어진 곳에서 우린 북한군에게 완전 두들겨 맞았습니다. 그런데 선생님, 도대체 여기가 어딘가요?"

닥터 카딩턴의 심장은 바닥으로 곤두박질쳤다.

미군들은 닥터 카딩턴과 같이 가지 않기로 결정했다. 그는 다시 부산을 향해 아래 지역으로 내려갈 수밖에 없었다. 그들이 떠난 직후 북한군이 하동까지 밀고 내려와 마지막 피난길을 차단했다. 그는 무사히 부산에 도착했다. 하나님은 미래의 더 나은 일을 위해 그를 구원해 주셨다.[9]

그들에게도 자비와 치료를

부산에 모인 선교사들 가운데 10명을 남기고 나머지 인원과 가족들은 모두 일본으로 피신했다. 닥터 카딩턴은 부산에 남아 있는 쪽을 택했다. 그는 한국의 제5육군병원에서 부상자들을 치료했다. 부상을 당하고 오래 방치된 군인들의 상처를 보는 것이 그는 가장 마음 아팠다. 당장 필요한 것은 혈액이었다. 닥터 카딩턴은 가까운 미군병원에서 약품과 유효기간이 다 되어 가는 혈액을 가져와 부상당한 한국 병사들에게 수혈했다.[10]

맥아더 장군이 이끄는 유엔군이 인천상륙작전에 성공하고 9월 28일 서울이 수복되자 부산에 있던 선교사들은 전주로 돌아왔다. 아직 전쟁이 끝난 것이 아니어서 민간인이 차를 몰고 가는 것은 상당히 위험했다. 큰 도시는 비교적 안전했지만 시골과 산골에는 후퇴하지 못한 북한군들이 낮에는 숨어 있다가 밤에 나와 사람들을 죽이거나 약탈을 계속했다.

전주 예수병원에는 아무것도 남아 있지 않았다. 북한군 사령부로 사용되던 병원의 벽에는 스탈린과 모택동의 사진이 걸려 있었고, 간호실은 고문과 문초를 하는 비밀경찰 사무실로 사용되었다.[11] 병원 부지에서는 처형된 24구의 시신이 발견되었다.[12]

전주시립병원에는 부상이 심한 북한 병사들 50여 명이 입원해 있었다. 그들은 미군의관들에게 치료를 받고 있었다. 그러나 미군 야전병원이 철수하게 되면서 그들은 치료도 못 받고 죽을 운명에 처했다. 미군은 닥터 카딩턴에게 그들을 치료해 줄 것을 부탁했다. 그는 이렇게 편지에 썼다.

> 제가 하는 일은 상처 치료와 화학요법입니다. 제게는 이들이 주위에서 보는 평범한 한국 젊은이들 같습니다. 그들은 치료에 고마워했고, 며칠 뒤에는 우리가 준 요한복음을 읽고 있는 것을 보았습니다. 그들은 모두 만성적으로 세균에 감염된 상처가 있습니다. 완치하려면 시간이 오래 걸릴 것 같습니다.[13]

북한공산군 치하에서 수많은 기독교인들이 고난을 받고 죽임을 당했다. 닥터 카딩턴의 언어선생 아버지도 교회 장로였는데 학살당했다. 페이지의 언어선생은 목사의 아내였는데 사형장으로 끌려가다가 기적적으로 살아났다. 광주에 남아 있던 루트 선교사는 동광원 식구들의 도움으로 짐처럼 위장해 지게에 실려 다니기도 하고, 한국 여자처럼 치마저고리를 입고 산속 동굴과 폐가를 전전하며 숨어 다녔다. 여러 명의 한국인들이 그녀를 보호하다가 북한군에게 처형되었다. 100일 동안 그녀는 수차례 죽음의 고비를 겪었으나 하나님의 손길로 살아났다.

 닥터 카딩턴은 자유를 되찾은 한국인들이 생포된 북한군과 남한의 부역자들에게 잔인한 보복을 하지 않도록 선교사들과 기독교 지도자들이 그리스도인으로서 자비를 베풀어야 한다고 생각했다. 그는 선교사들이 수천 명에 이르는 전쟁포로들을 위해 매우 귀중한 사역을 하고 있으며, 부산의 큰 수용소에서 미군이 부상당한 북한군 포로들을 치료해 준 일이 나중에 이 땅의 평화와 화해를 이루는 데 큰 도움이 될 것이라고 믿었다.[14]

 닥터 카딩턴은 1951년 8월 목포로 돌아왔다. 선교사들의 집에는 한 집 당 평균 50명이 넘는 피난민들이 들어와 살고 있었다. 항구 도시 목포에는 피난민들이 몰려들었다. 적게는 천 명에서 많게는 5만 명을 수용하는 피난민 수용소가 20-30개가 있었고, 다시 4만 명의 새로운 피난민이 들어올 예정이었다. 비바람을 가릴 수 있는 공간이면 어디든 사람들이 빼곡하게 들어찼다. 피난민들은 천연두, 장티푸스, 발진티푸스 예방접종을 받은 다음 수용소로 보내졌다. 수용소에서는 유엔 구호직원들이 약과 음식을 나눠 주었다. 그러나 가장 크고 도움이 절실한 수용소에는 밤이면 북한군 게릴라들이 나타나 음식을 빼앗고 사람을 죽여 한국인 의사들은 그곳에 가기를 꺼렸다.

목포의 병원이 피난민들을 빨리 치료할 수 있도록 닥터 카딩턴은 최선을 다했다. 전쟁은 이 땅에 수많은 상처를 남겼다. 특히 부모를 잃고 거리에 버려진 아이들과, 손쓸 시간도 없이 죽어 가는 어린 환자들을 보며 그는 마음 아파했다. 다행히 북에서 내려온 피난민 가운데 기독교 장로이자 의사가 있어 기꺼이 진료를 맡아 주었다.

일본으로 피신한 페이지와 아기는 나가노 현 가루이자와에 있는 미군 휴양지에 머물고 있었다. 페이지는 그곳의 한국어 학당에서 계속 언어를 배우고, 현지 일본교회를 다니며 주일학교를 도왔다. 그 사이 맏아들 허버트 유진은 세 번째 이가 나고 훌쩍 컸다.

1951년 11월 5일, 닥터 카딩턴에게 두 번째 기쁨의 선물이 도착했다. 맏딸 줄리아 네빌(Julia Neville)이 3.4킬로그램의 체중으로 고베의 국제병원에서 태어난 것이다. 가족을 만나러 일본에 갔던 닥터 카딩턴은 1951년 11월, 증기선 평안 호를 타고 부산으로 향했다. 그 배에는 큰 나무상자 29개가 실려 있었다. 그 안에는 구호 의류들과 약품, 전쟁 중 팔다리를 잃은 사람들을 위한 의수와 의족, 그리고 광주여학교에 줄 물리학 장비가 들어 있었다.[15]

닥터 카딩턴은 선교부의 결정에 따라 목포 부란취 병원을 떠나 1951년 9월, 광주 그래함기념결핵요양소(Graham Memorial Tuberculosis

Sanatorium)로 임지를 옮겼다. 이미 1947년에 폴 크레인 박사와 프리차드 간호사가 한국에 있는 선교병원들을 돌아본 결과 몇 가지를 선교부에 건의했는데, 그 가운데는 한국에서 가장 시급한 폐결핵 환자들의 치료를 위해 광주에 결핵요양소를 세워야 한다는 내용이 들어 있었다.[16]

닥터 카딩턴과 노련한 간호사 브루스 커밍(Bruce A. Cumming), 캐나다 선교간호사 뷸라 본즈(Beulah Bourns)는 폐허가 된 광주 그래함 기념결핵요양소를 대충 손보고 9월 말부터 임시로 진료소를 열어야 했다. 전쟁 후, 영양실조와 인구과밀로 인해 급속도로 늘어나는 폐결핵 환자들을 위해 개원을 서둘 수밖에 없었다. 광주 사람들은 이 병원을 제중병원이라고 불렀다.

2부

그 의사의 이름은 '사랑'

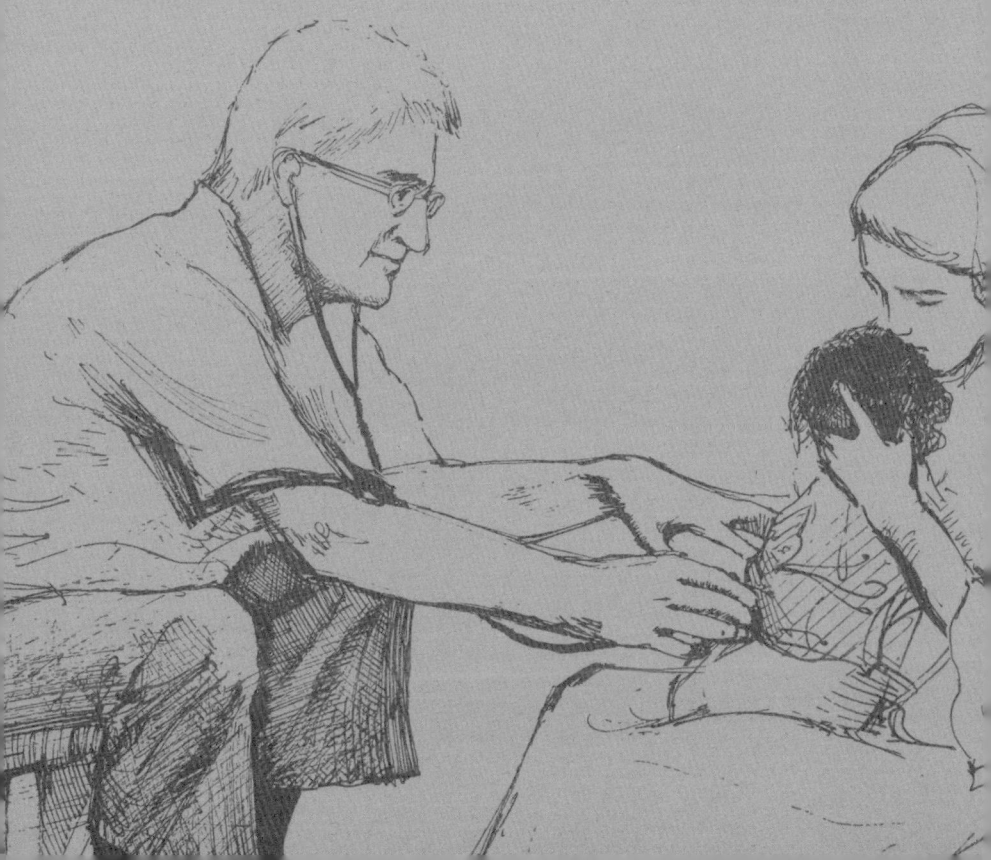

판순은 거의 실신 상태였다. 아랫배의 극심한 통증과 구토, 하혈로 얼굴은 점점 더 창백해져 갔다. 맥박은 약해지고 빨라졌다.

전쟁 직후, 막 문을 연 제중병원에는 결핵 환자들뿐 아니라 별별 환자들이 다 몰려들었다. 판순은 복도에 있는 들것에 누워 있었다. 그를 진찰한 의사는 그녀가 자궁외임신이라 빨리 수술하지 않으면 죽는다고 했다. 불행히도 제중병원에는 결핵내과만 있을 뿐, 산부인과도 외과도 없었다. 돈도 없으니 다른 병원에 가 봤자 진료부터 거절당할 것이 뻔했다. 그 밤에 판순은 죽을 수밖에 없었다. 그녀가 붙들 수 있는 것은 오직 하나님뿐이었다.

"어디가 아프십니까?"

복도를 지나가던 서양인 의사가 친절하게 판순에게 물었.

판순의 상태를 보던 의사는 우선 그녀의 혈액부터 검사하게 했다. 피는 A형이었다.

"잘되었습니다. 나와 같습니다."

놀랍게도 그 의사는 팔을 걷어붙이고 우선 자신의 피를 빼서 판순에게 수혈하게 했다. 판순은 그 의사를 붙들었다.

"제발 수술 좀…… 어차피 죽을 거면 수술이나 받고 죽겠습니다."

그녀는 그의 손을 꼭 잡고 놓지 않았다. 그리고 까무룩 의식을 놓고 말았다.

그녀가 깨어났을 땐, 수술이 끝난 후였다. 판순은 살아났다. 누가 그녀를 수술했는지는 확실치 않다. 하지만 판순은 그 서양인 의사가 했다고 믿었다. 그 의사가 인턴 시절에 이 수술을 해본 적이 있다고 얼핏 들었기 때문이었다. 그 친절한 의사처럼 자신의 어린 남동생도 의사가 되어 자기처럼 가난하고 위급한 환자를 살려 주었으면 했다. 그녀는 공부 잘하는 남동생을 전도해야겠다고 결심했다. 자신의 피도 나눠 주고, 생명을 살려 준 그 의사의 얼굴을 판순은 영원히 잊지 않도록 마음에 새겼다.

그 의사의 이름은 '사랑'

10년 넘게 폐쇄되었던 제중병원의 상태는 끔찍했다. 1940년, 선교사들이 떠나며 문을 닫았던 제중병원은 창문에 유리창 하나 남아 있지 않았다. 수도와 전기, 난방은커녕 매트리스도 없었다. 커밍 간호원장은 대나무 부스러기와 값싼 솜으로 매트리스 안을 채우고 목수를 불러 나무틀을 짜서 병상 40개를 만들었다.[1] 커밍 간호원장의 남편은 거제도 포로수용소에서 복음을 전하는 브루스 커밍(Bruce Cumming) 목사였다.

닥터 카딩턴은 유엔 구호단체에 병원 의료 장비를 지원해 달라고 요청했다. 그는 고향 교회들이 화이트 크로스(White Cross)를 통해 화물로 부친 병원 시트와 타월, 붕대 등이 오기를 기대하고 있었다.[2]

1951년 9월, 제중병원이 문을 열었다는 소식이 퍼지자마자 광주 인근뿐 아니라 전국에서 환자들이 몰려들었다. 제중병원은 수백만

이 살고 있는 전라도 지역에서 결핵 환자들이 요양소 형태의 치료를 받을 수 있는 거의 유일한 병원이었다.

아직 전쟁 중이었기 때문에 광주 인근에는 제대로 된 의사와 진료시설을 갖춘 병원이 없었다. 제중병원이 문을 열자 결핵 환자뿐 아니라 다리가 부러진 사람도, 병에 걸린 아이들도 왔다. 환자에게 무한한 사랑을 가지고 있는 닥터 카딩턴은 어떻게 하든 그들을 진료하고 도와주었다.[3]

이듬해 봄이 되자 입원 환자는 30명이 넘었고 외래환자가 급증했다. 제중병원에는 닥터 카딩턴과 한국인 의사 두 명, 시간제 실험실 직원 한 명, 간호사 일곱 명, 약사, 서무과장과 직원, 잡역부 두 명, 요리사들, 채소를 기르는 농부 한 명, 그리고 성경을 가르치는 전도부인이 한 명 있었다. 한국인 의사가 더 필요했다.

제중병원에서 의사를 모집한다는 소식을 듣고 지원한 김성진 선생이 면접실로 들어갔다. 그는 평양의전 출신의 피난민으로 24세 젊은 청년이었다.

"결핵 환자 본 적 있습니까?"

안경 너머로 미소가 따뜻한 닥터 카딩턴의 첫 번째 질문이었다. 김 선생은 의진에 나닐 때 전염병 병원에서 실습한 적도 있고, 그때까지 대구 육군병원 결핵병동에서 진료를 했다고 대답했다. 닥터 카딩턴의 두 번째 질문은 간단했다.

"예수님 믿습니까?"

김 선생은 아버지가 장로라 어릴 때부터 교회에 다녔다. 그의 고향은 평남 강서군이었다. 그는 1.4후퇴 때 평양에 주둔했던 27육군부대를 따라 홀로 남하했다. 고향에는 부모님과 누님, 두 명의 여동생이 남아 있었다. 두어 명의 지원자가 있었지만, 닥터 카딩턴은 김성진 선생을 선택했다.

김 선생이 1952년 4월 제중병원에 들어갔을 때 이미 입원 환자는 180명이 넘었고, 외래환자는 하루에 수백 명에 이르렀다. 6월이 되자 결핵으로 입원한 환자가 195명이 넘어 갔다. 믿기지 않을 속도로 환자들이 늘어났다.

닥터 카딩턴은 병원에서 가장 고된 일을 하는 사람이 네 명의 한국 여성들이라고 편지에 썼다.[4] 이 여성들은 하루 세 번씩 환자들을 위한 식사를 만들었다. 큰 무쇠솥에 나무로 불을 때서 엄청난 양의 쌀과 보리밥을 지었다. 병원에서는 농부 한 사람을 고용해 큰 채소밭도 가꾸어 신선한 야채를 환자들에게 공급했다.

전쟁 직후, 우리나라 국민의 5.1퍼센트가 결핵 환자였다. 100명당 다섯이 환자인 셈이었다. 결핵은 전염력이 강해 단칸방에 여러 식구가 살던 당시, 전 국민의 80퍼센트가 잠재적으로 결핵에 감염되어 있었다. 김 선생이 따르던 삼촌과 그의 아들도 이른 나이에 결핵으로 죽었다. 변변한 약도 없이 결핵 환자들은 어린 남자아이의 오줌을 마신다든지, 뱀이나 사내아이의 태반을 먹는다든지, 참새를 생식한다든지, 소와 사슴의 생피를 마신다든지 하는 갖가지 민간요법을 따르다가 병세가 악화되어 죽음을 맞았다. 폐나 복강에 공기를 주입하는 인공기흉이나 기복 시술로 폐를 위축시키기도 했다.

닥터 카딩턴이 미국에서 들여온 항결핵약 이소니아지드(아이나)와 파스는 결핵 환자들에게 기적의 약이었다. 제중병원에 가면 살아날 수 있다는 소문이 나자 환자들이 전국에서 몰려왔다. 환자들은 복도까지 가득 차 순번을 기다리는데 닥터 카딩턴은 한 사람 한 사람에게 친절했다.

"예, 병 나으려면 잘 먹어야 합니다. 계란, 고기 먹어야 이 병 낫습니다."

"차비도 포도시 해왔는디 촌구석에 먼 돈이 있다요."

닥터 카딩턴은 자기 주머니에서 돈을 꺼내 환자에게 쥐어 주었다.

"이 돈으로 계란, 생선 사 먹고 밥 잘 먹으세요."

전도도 잊지 않았다. 그는 진료실 벽에 요한복음 3장 16절 말씀을 한글로 크게 써서 붙여 놓고, 진찰을 마친 환자들에게는 전도지를 주었다. 혹 그 자리에서 예수님을 믿겠다는 사람이 있으면 기도도 해주었다.

"내가 사랑하는 이 사람, 병 낫게 해주시고, 밥 잘 먹고, 건강 회복되고, 집안 식구들과 평안히 살게 해주세요."

그의 기도는 폐결핵 환자들에게는 가장 절실한 것이었다. 결핵 환자가 한 명 생기면 그 집안은 풍비박산이 났다. 전쟁고아가 되어 친척 집에 얹혀사는 아이들은 길가에 버려졌다. 사람들은 결핵 환자가 마을의 우물물도 같이 못 쓰게 막았다.[5]

닥터 카딩턴은 아침 일찍 회진을 했다. 200명 가까운 입원 환자들을 돌아보려면 무척 분주했다. 하지만 그는 늘 미소 지으며 유머와 따뜻함을 잃지 않았다.

"입으로 방구 나옵니까?"

이런 말을 듣는 수술환자들은 깔깔대고 웃었다. 결핵균이 척추에 들어가 구루병에 걸리고, 뇌에 들어가 뇌막염을 앓는 아이들에게는 일일이 머리에 손을 얹고 기도했다. 그리고 물었다.

"뭐 먹고 싶은 것은 없습니까?"

환자들 입원비 내주고, 먹을 것 사다 주고, 교통비도 주는 의사가 이 세상 어디에 있겠는가?

주말이면 시골로 진료 겸 전도를 하러 떠났다. 차 안에는 약과 전도지, 아이들을 위한 사탕과 과자를 실었다. 특별히 퇴원한 환자의 집을 찾아가면 그 반가움은 이루 말할 수 없었다. 가난하고 돈도 안 되는 시골 환자의 집을 찾아가는 의사를 김성진 선생은 본 적이 없었다.

"워메, 원장님이 여길 어처그름 오셨당가요?"

전도가 저절로 되었다. 김 선생은 닥터 카딩턴에게 의료선교사가 해야 할 모든 것을 배웠다.

어느 날 밤이었다. 병원 옆 사택에서 자고 있는데 당직 간호사가 급히 김 선생을 불렀다. 병원에 가 보니 입원한 지 얼마 안 되는 청년이 입으로 피를 토하고 있었다. 손쓸 수 없을 정도로 쏟아지는 피를 보니 굵은 혈관이 터진 것 같았다. 지혈제를 놔도 소용이 없었다. 혈압은 내려가고, 낯빛은 점점 창백해지고, 맥은 약해졌다. 의사로서 그가 할 수 있는 일은 아무것도 없었다. 김 선생은 침대 곁에 무릎을 꿇고 피로 범벅이 된 청년의 손을 잡았다. 그리고 하나님께 기도했다.

"하나님, 사람이 죽고 사는 것은 주님의 뜻인 것을 압니다. 그래도 지금 이 청년은 살려 주세요. 아직 젊은데 고생만 하다 죽으면 너무 가엾습니다."

김 선생은 닥터 카딩턴이 환자들을 위해 기도하는 것을 옆에서 보면서도 자신은 그렇게 하질 못했다. 쑥스럽기도 하고, 그 시간에 기다리는 환자들 한 명이라도 더 보는 것이 의사로서 할 일이라고 생각했다. 그러나 솔직히 하나님에 대한 믿음이 그 정도로 있지 않았다.

그날 밤, 김 선생은 죽어 가는 청년을 붙들고 생전 처음 환자를 위해 기도를 했다.

그 기도는 응답받지 못했다. 청년은 깨어나지 못하고 그 밤에 죽었다. 믿음이 부족한 젊은 의사에게 환자를 위해 기도하는 법을 가르쳐 주고서.

김 선생이 평양의전에 다닐 때 스승이었던 장기려 선생은 이렇게 가르쳤다.

"환자를 볼 때 네 어머니, 네 아버지, 네 동생, 네 자매같이 생각하고 치료해라. 부디 긍휼한 마음으로 가족같이 대해라."

김성진 선생은 두 분의 스승을 평생 잊지 못했다.

그분이 믿는 예수라면 믿지요

닥터 카딩턴이 새로 연 제중병원은 아침 8시경, 간단한 예배 후 업무를 시작했다. 이 병원의 주인은 예수님이시며, 직원들은 그분의 마음을 가지고 환자들을 돕는 사람들이라는 것을 다짐하는 시간이었다.

결핵 환자들을 치료하는 데 큰 문제는 의사의 치료와 좋은 약 이외에 또 다른 것이 있었다. 결핵은 약을 잘 먹고, 잘 쉬고, 영양식을 먹으면 낫는 병이었다. 입원한 환자들은 적어도 6개월 정도 침대에 누워 요양을 해야 했다. 그 무료한 시간을 보낼 무엇인가가 필요했다. 그 시간을 견디지 못하고 절망에 빠져 자살을 시도하는 환자들도 있었다. 닥터 카딩턴은 편지에 환자들을 위해 철 지난 미국 잡지들을 보내 달라고 요청했다.

환자들은 비록 영어를 해독할 수 없지만 좋은 그림이 있는 철 지난 잡지를 보면 굉장히 밝아지고 고마워합니다. 〈새터데이 이브닝 포스트〉, 〈라이프〉, 〈내셔널 지오그래픽〉 등 교육적이고 가정생활에 대한 흥미로운 잡지들이 있다면 이곳 환자들이 즐길 수 있도록 보내 주세요.[6]

잡지뿐 아니라 한국사람들은 음악을 좋아하기 때문에 레코드판도 좋고, 실을 보내 주면 뜨개질로 옷도 짜며 일종의 작업치료도 겸할 수 있다고 커밍 간호원장은 편지에 썼다.[7]

닥터 카딩턴은 환자를 치료하면서 그 가족들의 상황에도 관심을 가지고 지켜보았다. 입원 기간 6개월은 환자들에게 꼭 필요한 시간이었지만, 한 집안의 가장인 남성일 경우는 집안 전체가 경제적으로 힘들어져 중간에 퇴원했다. 아이가 딸린 여성에게는 경제적 문제뿐 아니라 무정한 남편에게 이혼을 당하는 더 큰 불행까지 겹쳤다. 하지만 선교병원으로서 이 기간은 "희어져 추수할 때가 된" 밭과 같았다. 몸과 마음이 가난해진 환자들이 하나님을 영접할 수 있는 좋은 기회였다. 의료선교의 진가가 나타났다. 매일 기도로 시작하는 제중병원의 카딩턴 원장과 의사들, 간호사들, 그리고 참으로 따뜻한 전도부인은 믿을 수 없는 수많은 기적들을 낳았다.

여성숙 선생 앞에 누워 있는 환자는 꼬챙이처럼 마른 21세 청년이었다. 그는 중증폐결핵 무료 환자로 결핵성 농흉을 앓고 있었다. 닥터 카딩턴은 청년의 옆구리에 굵은 주사바늘을 꽂았다. 경성여의전을 졸업하고 전주 예수병원 인턴으로 제중병원에서 수련을 받고 있는 여성숙 선생에게 원장은 직접 늑막 천자하는 법을 가르치고 있었다. 갈비뼈 사이에 꽂힌 바늘에 고무관을 연결하자 마른 청년의 몸에서 누런 고름이 700씨씨나 흘러나왔다. 여 선생은 차마 볼 수가 없었다. 시술이 끝나자 청년은 고맙다며 살짝 웃으면서 치료실을 나갔다.

"이 환자 아마 1년 살 수 있습니다."

닥터 카딩턴이 말했다. 여 선생은 그 청년의 젊고 반짝이는 눈이 1년 후에는 흙에 묻힌다고 생각하니 견딜 수가 없었다. 그 청년은 북에서 내려온 피난민이었다. 트럭에 실은 짐 위에 앉아 보자기로 덮은 깡통에 피를 토해 가며 남으로 내려왔다고 했다. 그 고생을 하며 여기까지 왔는데 1년밖에 살 수 없다니.

'내가 잘 보살펴서 10년 더 살게 해주겠어.'

여성숙 선생은 이상하게 오기가 났다.[8]

제중병원 무료 환자들은 대부분 그 청년처럼 피난민, 반공포로, 또는 가난한 사람들이었다. 그들은 돈 없어도 병을 고쳐 주는 이 병원을 물어물어 찾아왔다. 여성숙 선생은 입원실 바로 옆에 숙소를 정했다. 밤에 피를 토하고 숨이 가쁜 위급 환자가 생기면 간호사들이 뛰어왔다. 어느 땐 수면제를 먹고 자살을 시도하는 대학생도 있었다.

병의 증세가 심하면 독방으로 옮겼다. 그 방은 '저승길목방'이라고 불렸다.

"혼자 죽는 게 제일 무서워요."

어떤 젊은이를 그 방으로 옮기자 그가 두려움에 떨며 말했다. 여성숙 선생은 그의 손을 잡아 주었다. 그는 다행히 좋아져서 퇴원을 했다.[9]

원래 한센병 전문의가 되려고 했던 그녀는 마음을 바꿨다. 한센병은 점점 약이 좋아지고, 정부의 지원도 있고, 또 만성병이라 금방 죽지는 않았다. 하지만 결핵은 달랐다. 병의 진행 속도가 빠르고, 정부 보조가 없고, 제중병원이 아니고는 약도 자기가 사서 먹어야 했다. 여의전 시절의 두 친구가 어이없이 이 병으로 사망한 일도 그녀가 결핵 전문을 결정하는 계기가 되었다.

1954년 여성숙 선생은 정식 제중병원 내과의가 되어 닥터 카딩턴과 함께 일하게 되었다.

"아침 경건회를 마치고 진찰실로 내려가 보면, 벌써 환자 대기실은 꽉 차 있고, 책상 위엔 그날 봐야 할 환자카드가 두 줄로 쭉 놓여 있었다. 의자에 앉았다 하면 하루 종일 차 한 잔 마실 틈도 없었다. 더구나 오후가 되면 배 시간, 차 시간에 쫓기는 사람들의 호소와 기다리기 지쳐서 터져 나오는 짜증스런 소리들이 얽혀 소란함이 시장바닥 같았다."[10]

그들의 사정은 다 딱했다. 차나 배를 놓치면 광주에서 자야 하는

데 식사비와 숙박비를 치를 돈이 없었다.

닥터 카딩턴은 그들의 사정을 잘 알고 있었다. 될 수 있는 대로 환자들이 하루에 엑스레이도 찍고 결과를 보고 약까지 타 갈 수 있도록 배려했다. 환자들이 사정이 어렵다고 하면 약은 물론이고 구호양곡에다 자기 돈까지 꺼내 주었다. 약삭빠른 사람들은 원장의 그런 동정심을 이용했다. 이를 보다 못한 여성숙 선생이 어느 날 카딩턴 원장에게 따졌다.

"이렇게 손 벌리게 해서 한국사람들 거지 근성을 키우지 마세요."

닥터 카딩턴은 얼른 대답했다.

"예, 그 사람들 배고픕니다."

여성숙 선생도 그들 가운데는 정말 가난한 사람들이 있다는 걸 알고 있었다. 더 이상 아무 말도 할 수 없었다.[11]

"카딩턴 원장은 미국사람이면서도 비계산적이고 비계획적인 분이다. 그러기에 사무적으로 일해 나가기가 어려운 점도 있지만 그런 약점을 감싸고도 남을 인간에 대한 순수한 애정을 가진 사람이다. 물론 믿음이 바탕에 깔려 있겠지만 그의 인간됨이 그 믿음에 앞서는 것 같다. 모든 것을 주고도 아까워하지 않는다. 그보다는 가진 것이 없어서 줄 수 없음을 안타까워하는 사람이다. 그에게선 미국사람이란 우월감을 찾아볼 수 없다. 누구나 하나님의 자녀로만 보고 이웃으로 인정할 뿐, '나는 이런 일을 하노라' 하는 의식마저도 하지 않고 사는 사람이다."[12]

밀려드는 환자들을 감당할 수 없어 카딩턴 원장은 미군부대에 가서 퀀셋(Quonset)이라고 부르는 반원형 군대막사 두 동을 얻어 왔다. 병원 빈터에 퀀셋을 세우고 흙바닥에 야전침대 20개씩을 들이고 병실을 만들었다. 그것도 오래지 않아 환자가 다 차 버리자, 이번에는 병원 복도에 침대를 놓고 환자들을 받았다. 직원들이 항의했지만 원장은 꺾이지 않았다.

"예, 그 사람 멀리서 왔습니다. 다시 갔다 오려면 돈 없습니다. 또 다른 사람 병이 중해 움직이기 어렵습니다. 지금 병실 자리 없지만, 자리 나면 곧 병실로 들어갑니다."[13]

여성숙 선생은 일이 더욱 많아졌다. 하지만 힘이 들지 않았다. 비록 돈으로는 사람을 도울 수 없지만 여기서는 마음껏 환자들을 도울 수 있었기 때문이다. 카딩턴 원장이 그녀를 믿어 주었고, 직원들도 그녀를 신뢰했기에 그녀는 기쁨으로 일할 수 있었다.

가엾은 사람은 여성들이었다. 보통 아내가 있는 남자들은 부인이 면회도 자주 오고 수발을 들고 가정경제까지 책임지면서 병이 나을 때까지 남편을 기다려 주었다. 하지만 아내가 입원한 경우, 기다려 주는 남편은 많지 않았다.

어느 토요일, 입원해 있는 한 여성이 머리를 곱게 빗고 화장도 예쁘게 하길래 여성숙 선생이 물었다.

"오늘 어디 좋은 데 외출합니까?"

"예쁘게 하고 내가 이만큼 건강하다는 걸 남편한테 보이려고요. 아기도 낳으려고 해요."

여성숙 선생은 깜짝 놀랐다. 결핵 환자에게 잠자리와 임신은 위험했다.

"아기 낳는 건 피해야지요."

"선생님, 모르시는 말씀 마세요. 아기라도 낳아야 남편이 제 입원비를 대줄 거 아닙니까?"[14]

여성숙 선생은 정식 전도사는 아니지만 병원에서 전도부인이라고 부르던 김정숙 전도사에게 감동을 받았다. 그녀는 병실로 성경을 들고 가지 않았다. 그저 환자의 손을 잡고 빙긋 웃어 주고 시중들 것이 없는지 살피다가 말없이 도왔다. 아무도 찾아오지 않는 환자나 병이 중한 환자, 저승길목방의 환자는 밤에도 여러 번 찾아가서 옆에 있어 주었다. 임종하는 사람은 천국 길로 인도하듯 손을 잡아 주었고 뒤처리도 깨끗하게 해주었다. 그녀도 닥터 카딩턴과 같았다. 누굴 도와준다는 의식 없이 어머니가 자식에게 하듯 자연스럽게 베풀었다. 닥터 카딩턴도 선교편지에 그녀에 대해 썼다.

"우리는 '전도부인'이라고 부르는 여전도사로부터 은혜를 많이 받습니다. 그녀는 자신의 시간 전부를 병원의 예배와 전도, 그리고 환자들과 만나 대화하는 데 바칩니다."[15]

어느 날, 여성숙 선생은 몇몇 환자들이 병원 복도에 서서 말하는 소리를 들었다. 교회라고는 다녀 보지도 않은 사람들이었다.

"예수 믿는 것이 고 원장(사람들은 허버트 카딩턴을 고허번이라는 우리식 이름으로 불렀다)이나 전도부인마냥 되는 거라면 나도 예수 믿을라요."

"그라제, 앵간한 사람은 고로케는 못하지라우."[16]

환자들은 카딩턴 원장을 아버지로, 여성숙 선생은 어머니로 여겼다. 여성숙 선생은 8년을 제중병원에서 일하고 목포로 가서 목포의원을 개업했다. 그 후 무안에 결핵 환자들이 모여 살 수 있는 한산촌 공동체를 만들었다. 여성숙 선생이 10년 더 살게 해주겠다고 약속했던 젊은 폐결핵 환자 종명이는 그녀의 보살핌을 받으며 정말 10년 넘게 살다가 한산촌에 묻혔다.

우리 원장, 병원만 압니다

병원은 문을 연 지 얼마 되지도 않아 재정적으로 한계에 부닥치게 되었다. 환자들은 많은데 그중 3분의 2는 무료 환자였다.[17] 닥터 카딩턴은 병원 재정보다는 최소한의 금액마저 낼 수 없어 되돌아가는 환자들을 더 안타까워했다. 병원은 적자였지만 그는 무료 환자의 수를 줄이지 못했다.

어느 주일 오후였다. 홍운중 간호사가 병원을 지키고 있는데 닥터 카딩턴이 형편없는 차림의 거지아이들을 몇 명 데려왔다.

"우선 목욕부터 시켜 주세요."

그 아이들 가운데는 간질 환자와 정신지체아도 있었다. 길에서 헤매거나 다리 밑에 사는 아이들일 것이다. 이 아이들은 여름이 오기 전까지는 목욕이란 것을 할 수 없었다. 몸에 때가 절어 그 안에 이가 파고 들어가 뿌리를 내리고 살았다. 칼로 때를 긁어 내야 겨우 이가 잘려 나갔다.[18] 닥터 카딩턴은 거리에 나가 전도지를 돌리다가 그런 아이들이 있으면 병원에 데리고 왔다. 병이 있으면 치료해 주고, 먹을 것을 주고, 간단한 일자리도 주어 다시 거리로 나가지 않게 먹고살 길을 열어 주었다. 그는 그 아이들이 갈아입을 옷을 가지러 집으로 갔다. 필요한 것이 있으면 자기 집에서 다 가져왔다. 가끔 아내 페이지 여사는 말했다.

"우리 원장 집에 있는 거 다 가져갑니다. 고기 있나 보면 고기 가져갔고, 계란 가져갔고, 깡통도 다 없습니다. 우리 원장 가정 모릅니다. 병원만 압니다."

어느 땐 세숫비누마저 없어 페이지 여사가 곤란을 겪었다.

홍운중 간호사에게도 닥터 카딩턴이 갖다준 것이 있었다. 제중병원이 다시 열린 해 겨울이었다. 병원은 난방이 안 되었다. 환자들은 뜨겁게 데운 벽돌을 담요에 싸서 침상을 덥혔다. 간호사실에는 숯불 난로가 하나 있을 뿐이었다. 밤에는 간호사 한 명이 당번을 맡아 두 차례 환자들을 둘러보았다. 홍 간호사는 밤 9시에 3층 입원실에 있는 환자를 돌아보고 밤 12시에 다시 보려고 문을 열고 나가다가 자기도 모르게 쓰러지고 말았다.

새벽 5시쯤, 싸늘한 공기 속에서 정신이 든 그녀는 아랫도리가 축축한 것을 느꼈다. 오줌까지 쌀 정도로 정신을 잃었던 것이다. 가스중독이었다. 문을 열고 쓰러졌기에 망정이지 그렇지 않았으면 죽었을 것이다. 갈아입을 옷도 없어 그 밤에 유니폼을 빨고 난로에 말려 다시 입었다. 아침 8시에 교대를 하는데 홍 간호사의 얼굴이 유난히 창백한 것을 커밍 간호원장이 보았다.

"얼굴 왜 많이 안 좋습니까?"

그녀는 솔직하게 지난밤 가스중독으로 쓰러졌다가 새벽에 깨어났다고 말했다. 그 말을 들은 닥터 카딩턴은 당장 집으로 달려가 자기 집의 석유난로를 갖다주었다. 그는 자기 것을 아끼는 법이 없었다. 심지어 자기 피도 서슴없이 환자들에게 수혈해 주었다.

홍운중은 제중병원 전신인 제중원 시절부터 일하던 간호사였다. 열여섯 살 되던 해 순천 매산여학교를 졸업하고 제중원 간호사 양성소에 들어왔다. 어머니가 그녀를 임신했을 때, 물동이를 이고 오다가 길에서 선교사를 만났다고 한다. 어머니가 물었다.

"예수 믿으면 뭐가 좋습니까?"

선교사가 대답했다.

"자식들 복 많이 받습니다."

어머니는 그 길로 교회에 나갔다.

홍 간호사는 3년 동안 양성소에서 공부를 하며 제중원에서 실습을 했다. 1940년 10월, 일제의 신사참배 강요에 남장로교 선교사들은 거부하고 모두 철수했다. 제중원도 문을 닫았다. 홍 간호사는 수술기구들을 다 닦아서 창고에 넣었다. 다시 병원이 열리기를 기도했지만 과연 그런 날이 올 거라고는 감히 생각지도 못했다. 일본인들은 병원집기들을 모두 압수하고 병원과 선교사 사택을 경찰과 관료들의 숙소로 썼다. 그런데 갑자기 해방이 되고, 전쟁이 끝나자 닥터 카딩턴이 와서 다시 병원이 열렸다. 하나님의 은혜였다.

너무 늦게 병원을 찾아온 결핵 환자들은 많이 죽어 갔다. 가끔 시신을 싣고 그 환자의 집으로 찾아가면 객지에서 죽은 시신은 못 들어온다며 문을 닫아 버렸다. 한번은 함평까지 시신을 싣고 갔는데 동네사람들까지 다 나와 막아섰다. 모래밭에 시신을 버려두라는 것을 겨우 차로 밀고 들어가 그 집 안방에 뉘어 놓고 온 적도 있었다.

페이지 여사도 종종 운전을 해서 병원 일을 도왔다. 언젠가 홍 간호사가 함께 차를 타고 가다가 자신도 운전을 하고 싶다고 하자 이렇게 말했다.

"재봉침합니까?"

"하지요."

"운전, 그보다 쉽습니다."

뭐든 맘만 먹으면 재봉틀 돌리는 것보다 쉽다는 걸 홍 간호사는 배웠다.

닥터 카딩턴은 다른 선교사에 비해 한국말을 잘하는 편이었다. 평소 의사소통에는 별 문제가 없는데 급하게 말할 때는 오리무중이었다.

"미스 홍, 큰상사와요."

"무슨 큰상 사 올까요?"

"아이고, 큰상 아니고 큰산이요, 큰산."

닥터 카딩턴도 젊을 때라 성격이 급했다. 답답해서 여러 번 소리를 지르고 나서야 홍 간호사는 그 말이 "군산 전화해요"라는 걸 알았다.

한번은 진찰실에서 이런 일도 있었다. 환자를 보던 원장이 홍 간호사를 돌아보며 말했다.

"홍문경씨요."

홍 간호사는 다음 환자 이름인 줄 알고 환자 대기실에 나가 큰소리로 불렀다.

"홍문경 씨, 홍문경 씨."

아무리 불러도 그런 사람은 없었다. 홍 간호사는 다시 진찰실로 들어왔다.

"원장님, 홍문경 씨가 없는데요."

원장은 어리둥절해 하며 말했다.

"예, 홍문경 거기 서랍에 있습니다."

"오매!"

홍문경은 환자의 항문을 들여다보는 기계였다. 닥터 카딩턴은 "홍문경 주시오"라고 말한 것이었다. 그 후 동료들은 심심하면 "홍문경 씨"라고 부르며 홍 간호사를 놀렸다.[19]

닥터 카딩턴은 휴가 갈 때면 이렇게 인사를 하고 떠났다.

"나 잘 돌아오시겠습니다. 여러분, 잘 계십시오."

첫 번째 안식년

1952년 11월 28일, 일본 고베 병원에서 닥터 카딩턴의 세 번째 아이가 태어났다. 엄마의 이름을 딴 예쁜 둘째 딸, 메리 페이지(Mary Page)였다. 닥터 카딩턴은 연말 휴가를 보내러 페이지와 아이들이 기다리고 있는 고베로 갔다. 한국은 아직 전쟁이 끝나지 않아 선교사 가족들은 들어올 수 없었다. 그들은 일본 선교사로 있는 페이지 여사의 남동생 루이스 랭커스터 가족과 함께 지냈다.

닥터 카딩턴은 고베에서도 아주 분주하게 보냈다. 주일학교에서 쓰는 어린이용 그림들과 크리스마스 선물들을 챙겨 그곳의 한국 고아들이 있는 작은 고아원을 방문해 그 아이들을 기쁘게 해주었다. 또 제중병원에 가져갈 갖가지 약과 물건들을 사느라 바빴다.[20]

이듬해 7월, 닥터 카딩턴과 가족은 첫 안식년을 맞아 미국으로 들어갔다. 그는 미국의 병원에서 결핵 치료법을 더 공부할 예정이었다.

선교사로 한국에 와서 4년 동안 그는 세상에서 경험할 수 있는 인간의 가장 비참한 현장 가운데 있었다. 전쟁이 일어났을 때 한국에서 일했던 국제 난민단체의 한 직원은 "내 평생 한국처럼 나라가 대규모로 황폐해지고 사람들이 고통받는 것을 본 적은 없었다"라고 보고할 정도였다.[21] 갑자기 터진 전쟁의 공포, 학살과 보복, 피난길의 참상, 부상당하고 죽어 가는 젊은 군인들과 버려진 북한군 포로들, 길거리를 떠도는 고아들과, 거지들, 굶주림, 급증하는 결핵 환자들을 치료하며 닥터 카딩턴은 무엇을 느꼈을까?

그는 이 참혹한 현장 가운데 계신 예수님을 보았을 것이다. 자기 아이도 버리는 비정한 부모가 있는가 하면, 그 아이들을 데려다 기르는 사람도 있었다. 친구를 죽이는 사람이 있는가 하면, 아들을 죽인 사람을 양아들로 삼는 사람도 있었다. 가난한 사람을 쫓아내는 사람이 있는가 하면, 그들을 데려다 먹이고 재워 주는 사람도 있었다. 죄악이 넘치는 곳에 하나님의 은혜도 넘쳤다. 그는 선교지에서 평생 지키고 살아갈 원칙들을 마음에 새겼다.

"네가 가지고 있거든 오늘, 지금 필요한 사람들에게 주라. '내일', 혹은 '다음에'라고 말하지 말라. 그러면 늦는다."

"구걸하는 사람들을 거절하지 말라. 열 명이 거짓말을 해도 그중에는 진실로 그 돈이 꼭 필요한 사람이 한 명은 있다."

"이 세상 재물은 내 것이 아니다. 하나님이 원하시는 곳에 쓰면 주님이 채워 주신다."

그는 전쟁터 가운데 있는 야전병원의 의사요, 목자 잃은 양같이 헤매는 사람들의 작은 목자가 되기로 결심했다. 자신은 오로지 큰 목자이신 하나님만 바라보면서.

병원을 연 지 2년 만에 닥터 카딩턴은 158명의 환자들을 입원시켰고 4,176명의 외래환자들을 진료했다. 그러나 더 많은 환자들이 자리가 없어 되돌아갔다. 더 큰 문제는 6개월 후면 퇴원해야 하는 환자들 중에 돌아갈 곳이 없는 사람들이 많다는 것이었다. 그들은 병원에서 나가면 자살하려고 칼을 품기도 했다. 고아들과 거지들은 길거리 모퉁이와 다리 밑에서 굶고 있었다. 할 일은 잔뜩 쌓였는데 안식년을 떠나야 하는 그의 마음은 편치 않았다. 하지만 한 가지 확신은 있었다.

해야 할 일과 도움을 주어야 할 일들이 얼마나 많은지를 알면서도 병원을 떠나야 한다는 것이 무척이나 힘이 듭니다. 아직까지 한국에는 우리가 도와야 할 딱한 상황에 처한 사람들이 많은 데 비해 우리가 이루어 놓은 일은 너무도 적습니다.
저희가 오랫동안 이곳에 살면서 알게 된 사실이 있습니다. 환자가 우리의 의학적 치료를 잘 따르면 병이 낫게 된다는 것을 확신하고, 또 병원과 가정에서 하는 성경공부와 예배를 통해 영적 건강도 얻을 수 있다는 것을 깨닫게 되면 확실히 달라진다는 것이지요.[22]

제중병원은 결핵 환자들에게 병도 고치고 신앙도 갖게 해주는 구원의 방주가 되었다. 그 안에서 베푸는 그리스도의 사랑으로 인해 믿음을 가진 사람뿐 아니라 그렇지 않은 사람도 전쟁으로 인한 상처와 불신, 두려움과 공포를 치유받고, 자신의 불행을 넘어 타인의 아픔도 돌아볼 줄 아는 인간애가 싹트는 진정한 요양소가 되었다.

닥터 카딩턴은 하나님께서 그에게 중국의 문을 닫고 한국으로 인도하신 이유를 깨달았다. 그가 한국 선교사로 지원했을 때 처음에는 3년간 머물 예정이었다. 그러나 하나님께서 다른 명령을 내리실 때까지 그는 한국을 떠날 수 없다는 것도 알았다.

안식년을 맞이해 닥터 카딩턴네 다섯 식구들은 테네시 주 네슈빌에서 머물렀다. 이곳에서 아이들은 처음으로 양가의 할아버지, 할머니를 만나게 되었다. 온 가족이 함께 모여 "내 영혼아 여호와를 송축하라 내 속에 있는 것들아 다 그의 거룩한 이름을 송축하라"는 시편의 말씀을 읊으며 함께 예배를 드렸다. 닥터 카딩턴은 이곳 재향군인병원에서 결핵 치료의 최신식 기술인 결핵흉부 진료 트레이닝을 받았다.

1954년 7월 30일, 안식년을 마친 카딩턴 가족은 노스캐롤라이나의 몬트리트를 출발해 캘리포니아의 오클랜드에서 한국으로 돌아오는 배를 탔다. '필리핀 베어'라는 배에는 미국이 한국에 주는 여섯 대의 대형 기관차들이 갑판에 체인으로 묶여 있었다. 닥터 카딩턴은

50년 이상 동양 선교사들을 도와준 오클랜드의 '홈 오브 피스(Home of Peace)'의 도움으로 병원 엑스레이 설비와 그밖에 필요한 물건들을 많이 구매해 실었다. 큰바람이 불 때마다 갑판 위의 무거운 기관차들 때문에 배가 앞뒤로 심하게 흔들려 걱정을 했지만, 같이 여행하는 동료 선교사들과 카딩턴 부부 그리고 아이들은 즐거웠다.[23]

유엔군 사령부는 한국의 상황이 안정되자 선교사 가족들의 입국을 허락했다. 그동안 닥터 카딩턴과 떨어져 일본에 거주하던 가족들은 함께 한국으로 돌아올 수 있었다.

그들의 품에는 백 일이 된 사내아이가 안겨 있었다. 미국에서 태어난 네 번째 아기이자 두 번째 아들, 데이비드 펙(David Peck)이었다.

자기가 부자인 줄 알던 거지 대장

제중병원이 늘어 가는 입원 환자들을 감당할 수 없자 한국의 육군 공병대가 한 개 부대를 보내 50개의 침대를 넣을 수 있는 무료병동을 지어 주었다. 그들이 일하는 모습은 마치 이스라엘 사람들이 한 손에 무기를 든 채 성벽을 쌓는 것 같았다.[24] 1년 후에 완공된 이 병동을 사람들은 미군의 한국원조(Armed Forces Aid to Korea)의 첫 단어를 따서 'AFAK 건물'이라고 불렀다. AFAK는 학교 건물만 짓기 때문에 무료병동도 전형적인 한국의 초등학교처럼 건축했다.[25] 병상은 총 150개가 되었지만, 환자 수는 종종 180명이 넘어 갔다.

입원 환자들을 위해 세끼 밥을 무쇠솥에 불을 때서 짓던 부엌에서 일하는 이들의 고생을 덜어 주기 위해 교회발전프로그램(Church's Program of Progress)의 지원으로 새 부엌 건물도 짓고 있었다. 닥터 카딩턴이 안식년을 마치면서 새로 가져온 엑스레이 기기는 노르웨이

출신 전문 기술자가 1년간 머물면서 우리나라 엑스레이 기사들에게 교육을 시키기로 했다.[26]

닥터 카딩턴이 아침 예배를 마치고 병원 복도에 들어서면, 기다리고 있던 거지들이 우르르 몰려들었다. 그의 뒤를 졸졸 따라다니는 거지들을 달고 앞장 서 가는 그는 누가 봐도 거지 대장이었다. 어린 거지들은 집에 데려와 목욕을 시키고, 정신이 온전치 않은 여자들과, 갈 데 없는 윤락가 여자들에게도 자기 집 방을 내주어 함께 살았다. 그 여자들은 빨랫줄에 걸려 있는 페이지 여사의 옷을 제 맘대로 걷어다 입고 다녔다.

"카딩턴 원장님은 자기가 부자인 줄 알아요."

커밍 간호원장은 아무것도 아낄 줄 모르고 퍼 주는 그를 보며 말했다.

닥터 카딩턴은 사람을 차별하지 않았다. 누구에게나 스스럼없이 다가가고 말을 걸었다. 손을 잡고, 덥석 환자의 몸을 안아 일으키고, 급하면 구강 대 구강으로 인공호흡을 했다. 장갑도 끼지 않았다.

무의촌에 의료봉사를 가면 파리가 새까맣게 앉아 있는 밥을 대접받았다. 한국인 직원들도 못 먹는 그것을 그는 아무 소리 없이 먹었다. 비록 그 밤에 설사를 하는 일이 있어도.

정순자 간호사는 닥터 카딩턴과 함께 기복실에서 일했다. 1960년대 초, 본격적으로 폐 수술이 시작되기 전까지 기복과 기흉은 결핵 환자들에게 행하는 일반적인 시술이었다. 인공으로 폐와 복부에 공기를 주입해 폐를 찌그러뜨려 균을 살지 못하게 하는 방법이었다. 간혹 치유되는 사람도 있었지만 재발하는 경우가 흔했다. 닥터 카딩턴은 기흉 시술을 받은 환자의 공동에 파라핀을 주입하기도 했다. 가난한 환자가 다시 병원에 올 수 없어도 더 이상 균이 퍼지지 않게 하기 위한 궁여지책이었다.[27]

환자 복부에 물이 차면 여러 번 빼 주었는데 어느 날 사망하면 허망했다. 그런 환자들을 해부할 때 배 안에 회충이 얼마나 많은지 바가지로 퍼냈다. 가뜩이나 영양이 모자라 빼빼 마른 몸에서 우물우물 쏟아지는 회충을 보며 정 간호사는 처음 며칠 동안 밥을 먹을 수가 없었다. 참으로 비참한 시절이었다.

닥터 카딩턴은 밤낮없이 환자를 돌보았다. 그는 진심으로 그 일을 좋아했다. 밤에도 환자들을 둘러보다가 혹시 근무 중인 간호사가 잠들어 있으면 깨워서 야단치는 대신 추울까 봐 살며시 가운을 덮어주고 갔다.

어느 날이었다. 아마도 병원 업무를 쉬는 공휴일이었던 것 같다. 갑자기 닥터 카딩턴이 정 간호사 집을 찾아와 그녀의 남편을 찾았다.

"미스터 손 어디 갔습니까? 환자 피 토합니다. 빨리 검사해야 합니다."

정 간호사의 남편 손재석 실장은 미국에서 임상병리를 공부하고 제중병원 임상병리실을 맡고 있었다. 마침 그날 외출하고 없었다.

"어디 갔나 잘 모르겠는데요."

그녀의 대답에 닥터 카딩턴은 큰소리를 냈다.

"아니, 아내가 남편이 어디 있는지도 모릅니까? 어서 찾아와야 합니다."

그는 급한지 그녀를 붙들고 흔들기까지 했다. 그의 마음에는 환자밖에는 없었다.

다음 날, 그는 상자에 든 와이셔츠 한 벌을 들고 다시 정 간호사를 찾아왔다.

"어제는 내가 잘못했습니다. 많이 미안합니다."

그는 정중히 사과를 했다. 닥터 카딩턴, 그는 그런 사람이었다.

정순자 간호사가 닥터 카딩턴을 처음 만난 것은 간호학교 시절 제중병원으로 실습을 나왔을 때였다. 안경을 낀 미국남자가 한 손에 연장통을 들고 뭐가 좋은지 싱글벙글 웃으며 계단에서 내려오고 있었다. 얼굴에는 검은 먼지와 거미줄 한 자락이 늘어져 대롱거렸다. 목에 청진기를 걸고 흰 가운을 입었으니 의사가 틀림없었다.

"물탱크가 고장나서 고쳤습니다."

1934년에 지은 병원 건물은 워낙 노후되어 재개원한 후에도 여기저기 손댈 데가 많았다. 그 의사가 닥터 카딩턴이었다. 정 간호사 생각에는 의사가 그런 험한 일을 하는 게 아니었다.

'저 양반이 의사인가, 목수인가, 아니면 예수님인가.'

그 모습이 강렬하게 남아 있어 간호학교 졸업 후 대학병원에서 관비생(국가 장학금으로 공부하는 학생)의 의무를 다한 다음 1953년부터 제중병원으로 와서 일하기 시작했다. 결핵병원에서 일을 하다 보니 그녀 역시 병에 감염이 되었다. 닥터 카딩턴 덕분에 그녀는 다행히 완쾌되었다.

닥터 카딩턴과 함께 일하는 사람들은 자연스럽게 봉사하는 것을 배웠다. 직원들도 주말이면 무의촌 봉사도 나가고 강당을 빌려 음악 감상회를 열어 차를 팔아 그 수익금으로 장학생을 길러 내기도 했다.

외국인 선교사 가운데는 하나님을 믿고 소명에 따라 이 땅에 왔지만 간혹 우월의식이 남아 있어 한국인들과 거리를 두는 이들이 있었다. 하지만 닥터 카딩턴은 그런 것이 없었다. 그는 매일 오후 3시경이면, 가장 가난한 환자들이 입원한 무료병동을 찾아가 한 명 한 명에게 말을 걸고 손을 잡고 위로했다.

"예, 오늘 괜찮들하십니까? 무슨 어려운 일 없습니까? 나에게 말해 주세요."

예수님을 잘 전하는 선교사가 있는가 하면, 자신이 믿는 예수님의 말씀대로 행하는 선교사가 있다. 환자들은 닥터 카딩턴을 예수님 잘 믿는 선교사로 여겼다. 그리고 아버지처럼 의지했다.[28]

열 명 중 한 사람은 참말 합니다

규모가 커져 가는 병원에는 더 많은 의사와 간호사, 그리고 시골 진료소를 포함한 모든 결핵관리프로그램(T. B. Control Program)을 위해 장비들을 다룰 직원, 사회복지사와 작업치료사 등이 필요했다. 특별히 퇴원한 환자들과 집에서 요양하는 환자들의 약 복용과 건강관리 지도를 위해 가정방문을 하는 방문 간호사가 모자랐다.

네 명의 아이들을 기르느라 정신없이 바쁜 카딩턴 원장의 아내 페이지도 병원의 일손을 거들어야 했다. 노르웨이 출신 크로크네스(A. Kraakenes, 고락주) 간호사가 휴가를 떠난 기간에는 결핵병동의 감독을 맡았다. 그녀는 정식 간호사 자격증이 있었다.

어느 봄날 오후였다. 페이지 여사는 방문 간호사들을 태우고 병원차를 운전해 환자의 집을 방문했다. 그녀의 첫 번째 일은 1년간 병원에 입원해 있던 한 중년 남성을 집에 데려다주는 것이었다. 그는 상태가 좋지는 않았지만 집에서 관리만 잘한다면 병이 나을 수 있었다. 하지만 그는 페이지 일행과 작별할 때 어린아이처럼 울었다.

환자들을 집으로 퇴원시키는 일은 의외로 어려울 때가 많았다. 어느 환자는 자기 집이 작은 방 하나뿐인데 아내와 아이들이 있어 퇴원할 수 없다고 버텼다. 하지만 입원을 기다리는 다른 위급한 환자들 때문에 강제로 퇴원을 시켜야 했다. 그 환자의 집은 광주 도심에서 20킬로미터 정도 떨어진 곳에 있었다. 그는 자기 집이 있는 곳을 정직하게 말하지 않아 여러 번 방향을 물어야 했다. 결국 좁은 길을 따라 강가 끝까지 가서 차를 멈추었다. 더 이상 차가 들어갈 수 없어 의사와 간호사는 환자를 데리고 다시 1킬로미터 이상을 걸어갔다.

그들이 돌아오기를 기다리며 페이지 여사는 차 안에서 한국어 성경을 암기했다. 그 마을 사람들이 병원차와 푸른 눈의 미국여자를 구경하기 위해 몰려들었다. 그중 한국인 여성 셋이 페이지 여사에게 다가왔다. 페이지 여사는 자신의 한국어를 그들이 알아들을 수 있는지 궁금했다.

"예수님 아십니까?"

그들은 들은 적이 없다고 했다. 페이지 여사는 용기를 내어 요한복음 3장 16절과 17절 말씀을 그들에게 전했다. 그들은 알아들었다고 고개를 끄덕였다. 어쩌면 예의상 그렇게 했을 수도 있겠지만, 주로 집에만 있던 페이지 여사에게는 경이롭고 짜릿한 경험이었다.

환자를 데리고 갔던 일행이 돌아왔다.

"아무래도 그 환자가 퇴원하기 싫어서 거짓말을 한 것 같아요."

그들이 도착한 환자의 집은 가난하지 않았다. 그의 아내는 매우 감사해 하며 환자를 잘 돌보겠다고 약속했다고 한다.[29]

환자가 진료소에 오면 닥터 카딩턴이 먼저 결정을 내려야 하는 것이 있었다. 그 환자가 자기 집에 있으면서 치료를 받는 것이 나은가, 아니면 비록 혼잡한 병동이나 임시 막사인 천막병동에라도 있으면서 치료를 받는 것이 나은가 하는 것이었다. 치료를 받으면 확실히 좋아질 환자와 그래도 집보다는 병원이 나은 환자들을 입원시켰지만, 결핵 환자들 대부분은 매우 가난하거나 북에서 내려온 피난민인 경우가 많아 병실은 늘 부족했다.[30] 닥터 카딩턴은 아픈 환자들을 집으로 돌려보내고 싶어 하지 않았다. 하지만 가정환경이 괜찮은 환자들은 상태가 더 심각한 환자들을 위해 병실을 내주는 것이 옳았다.

선교회 병원은 화이트 크로스에서 보내 주는 보급품들과 구휼미, 정부와 기독교세계봉사회(Church World Service)에서 보낸 의약품과 보조금 덕분에 1956년에 시행한 치료 중 68퍼센트 이상이 무료였다. 결핵에는 항생제 치료와 함께 작업 치료가 중요했다. 바느질, 뜨개질, 길쌈, 이발 및 양계와 양봉 등 환자들이 할 수 있는 활동을 하는 것이 좋았다.[31]

닥터 카딩턴은 입원한 환자들 가운데 일을 할 수 있는 사람에게는 병원의 일을 맡겼다. 위중한 결핵으로 들어왔던 두 여성은 병이 나은 후에 돌아갈 집이 없자 매일 세 번 환자들의 식사를 작은 수레에 싣고 병실마다 날라다 주는 일을 맡았다. 따로 급여도 없이 하루 식사만 제공하는데도 페이지 여사가 볼 때마다 두 여성은 정말 행복하게 그 일을 하고 있었다. 완쾌된 환자들 몇몇은 병원 사무실과 환자들이 이용하는 이발소, 경비원, 토끼와 닭, 오리 등을 기르는 일들을 맡았다. 아직 결핵 치료 중이지만 환자들을 방문해 전도활동을 하며 병원의 목회자를 돕는 젊은이도 있었다.[32] 그 가운데는 임상병리실에서 일하는 신찬식 선생도 있었다.

찬식은 그날을 영원히 잊지 못한다.
"좌측 활동성 결핵으로 퇴교를 명함."
해군사관학교에 합격하고 1, 2차 신체검사는 무사히 통과했는데 3차 마지막 엑스레이 검사에서 결핵 환자로 판명되었다. 해군사관학교 교복도 다 맞춰 놨는데 쫓겨나고 말았다. 집에 돌아와 보니 기가 막히게도 영장이 나와 있었다. 다시 신체검사를 받고 결핵 때문에 무종합격을 했다. 그것은 1년마다 신체검사를 해서 병이 나으면 군복무를 받는 것이었다. 신찬식은 다시 전남대 공대로 진학해 1학년을 다녔다.

그해 여름, 6.25전쟁 기념식을 마치고 시내에 나왔는데 시청 앞에서 피를 토하고 말았다. 그는 그길로 제중병원에 입원을 했다. 그곳은 가난해도 받아 주는 유일한 병원이었다.

닥터 카딩턴과 주치의 여성숙 선생은 찬식의 처지를 잘 알고 있었다. 집안 사정은 형편없었다. 아버지는 결핵으로 돌아가셨고, 밑의 두 동생들도 결핵 환자였다.

"병이 위중해 다시 학교 다니기 어렵습니다. 집도 가난하니 입원 기간 동안 오전에는 병원에서 일하고 오후에는 안정을 취하는 게 어떻습니까?"

닥터 카딩턴은 찬식을 임상병리실 손재석 실장에게 보냈다.

"이 친구 임상병리사로 키워 보세요."

1950년대에는 우리나라에 임상병리를 배우는 학교가 따로 없었다. 병원에서 실전 훈련을 받는데 기간은 고등학교 출신은 3년, 대학을 다니던 사람은 1년이었다.

사실 찬식은 하루 종일 병상에 누워 있으면서 언제까지 이렇게 살아야 하나 인생을 비관했다. 친구들은 공부도 하고 취직도 하는데 그는 아무 꿈도 꿀 수 없었다. 그런데 임상병리를 배우다 보니 의외로 재미있었다.

찬식의 병은 쉽게 낫지 않았다. 약만 먹어서는 안 되고 결핵절을 들어내는 수술을 받아야 했다. 외과의사가 없는 제중병원에서는 수술을 받을 수 없어 전주 예수병원에 가서 수술을 받았다. 가슴을 열어 보니 폐에 균이 많이 퍼져 왼쪽 갈비뼈를 자르고 폐를 눌러 공동을 없어지게 하는 수술을 받았다. 다행히 죽지 않고 살아남았다. 하지만 이 수술은 후유증을 남겼다. 그는 평생 왼쪽 등이 찌그러진 채 살게 되었다.

그는 예수의 '예'자도 모르고 산 사람이었다. 자아가 강해 신앙을 받아들이지 못했다. 그러나 돈도 없고, 앞으로 갚을 길도 없는 가난한 청년을 최선을 다해 치료해 준 닥터 카딩턴과 선교 의사들, 그리고 평생 어머니로 모시고 싶은 여성숙 선생 같은 진실한 그리스도인들을 보며 서서히 마음이 열렸다.

결핵은 잘 먹어야 하는 병이었다. 귀하고 비싼 소고기는 먹기는커녕 보기도 어려웠다. 병원에서는 가끔 닭고기가 나왔다. 환자들은 단백질 보충을 위해 개구리를 고아 먹고, 메뚜기를 갈아 먹고, 번데기를 삶아 먹었다. 개고기를 파는 아주머니들이 몰래 입원실을 돌아다니며 미제 깡통에 개고기 삶은 것을 넣어 팔았다. 어떤 미국 선교사는 몰래 찬식과 다른 환자들에게 이렇게 말했다.

"원기소 먹지 말고 개고기 잡수세요."

카딩턴 원장이 출근을 하면 구걸하는 사람들이 줄줄 따라다녔다. 그 안에는 거머리 같은 사람들도 있었다. 매일 나타나 원장에게서 뭐라도 뜯어 갔다. 한국사람 망신을 다 시키는 그 사람들을 보면 임상병리사 찬식은 불쌍하기보다 미운 생각이 더 들었다.

"원장님, 저 사람들 다 돈 주지 마세요. 안 줘도 되는 사람들도 있어요."

하지만 닥터 카딩턴은 그들을 내쫓기는커녕 얼굴 하나 찡그리는 법이 없었다.

"예, 압니다. 하지만 열 명 중 한 사람은 참말 합니다. 그 사람 누군지 나는 모릅니다. 그러니 다 줘야 합니다."

닥터 카딩턴은 그 거머리 같은 사람들에게도 진심으로 연민과 사랑을 베풀었다.

환자라면 어떤 이유가 있든 다 받아 주고, 입원실이 없으면 병원 복도에라도 뉘어 놓고 살려 주는 그의 마음이야말로 진정한 기독병원의 정신이라고 찬식은 생각했다. 제중병원은 다른 병원에서는 받아 주지 않는 환자들이 찾아오는 곳이었다. 고아원 아이들은 다 무료로 치료해 주었다. 어느 날 시장에 불이 나서 어린아이 하나가 온몸에 화상을 입고 들어왔다. 돈이 없어 다른 병원에서 거절한 아이였다. 화상이 너무 심해 죽을 줄 알았는데 다행히 살아났다. 그 아이는 나중에 커서 의사가 되었다.

3부

보리떡 다섯 개와
물고기 두 마리의
꿈

통금 해제를 알리는 사이렌이 들리면 연규는 제중병원으로 갔다. 그는 지게에 한 말들이 양철통 두 개를 달고 병원 근처 밭 가운데 우물에 가서 물을 길어 날랐다. 입원 환자가 150명이 넘는데 제중병원에는 아직 수도시설이 없었다. 식당과 세탁실에서 쓸 물이 많이 필요했다. 그 일을 연규가 맡아서 했다. 얼추 50번 넘게 왕복을 하며 물을 날랐다. 겨울엔 출렁대는 물에 발이 얼었다. 여름이면 땀으로 목욕을 했다. 그렇게 물을 긷다 보면 아침이 되었다. 학교 가는 학생들을 보면서 그는 마음을 단단히 잡았다.

'오냐, 누가 잘되는지 두고 보자.'

식당 책임을 맡은 집사님이 남들 눈에 띄지 않게 김치와 국에 말은 밥을 쌀 창고로 갖다주었다. 연규는 22세 늦깎이 야간고등학교 학생이었다.

연규는 영암 월출산 밑 산골 마을에서 살았다. 6.25때 밤이면 산에 있던 공산군 빨치산들이 내려왔다가 새벽이면 먹을 것을 싸 가지고 올라갔다. 어느 날 새벽, 요란한 총소리가 들렸다. 본능적으로 아버지와 세 형제는 산으로 도망갔다. 그날 영암, 해남, 강진 경찰서에서 갑자기 들이닥친 경찰들이 빨치산들을 소탕하는 와중에 어머니는 총에 맞아 돌아가셨다.

그의 집은 가난했다. 학교도 못 가고 농사를 짓던 그는 이렇게 살면 안 되겠다는 생각이 번쩍 들었다. 땔감을 독천장에 지고 가서 팔아 여비를 마련해 무조건 버스를 타고 광주로 갔다. 버스에서 내린 곳이 백운동이었다. 정처 없이 걸어 제중병원 근처까지 왔다. 둘러보니 건물을 짓는 곳이 있었다. 선교사들이 사용할 건물을 재건축하는 현장이었다.

"당신들 밑에서 일 좀 합시다."

그는 키가 크고 힘이 센 편이었다. 미장공 밑에서 일을 시작한 그는 낮에는 일하고 밤이면 숭일학교 야간부에 들어가 공부를 했다. 불도 안 땐 방에서 담요 한 장으로 한 자락은 깔고, 다른 한 자락은 덮고 잤다. 어느 날 제중병원에서 물 긷는 사람을 쓴다고 해서 그는 미장일 대신 그 일을 맡았다.

그의 꿈은 멈추지 않았다. 고등학교를 졸업하고 광주교대에 진학한 것이다. 사람들이 다 걱정해 주었다.

"도대체 뭔 돈으로 학교를 다니려고 그러냐?"

닥터 카딩턴이 그의 사정을 듣고 일당을 더 올려 주었다. 연규는 새벽에는 물을 긷고, 화장실의 분뇨까지 치웠다. 병원에는 10개의 화장실이 있었다. 대소변을 퍼서 똥지게에 지고 밭 가운데 갖다 버렸다. 대학을 졸업할 때까지 그 일을 했다. 씻기도 마땅치 않았던 그에게는 아마 똥냄새와 땀냄새가 심하게 났을 것이다. 그러나 그는 더러운지도 힘든지도 몰랐다. 그저 일자리가 고맙기만 했다.

어느 날 아침, 그날도 분뇨를 퍼 나르는데 닥터 카딩턴이 그를 불렀다.

"미스터 고, 오늘 점심에 내 방으로 오세요."

닥터 카딩턴은 그를 데리고 시내에 나가 갈비백반을 사 주었다. 그렇게 맛이 있는 걸 연규는 생전 처음 먹어봤다.

닥터 카딩턴은 그에게 용돈과 장학금을 주었다. 한 병원의 원장이 물 긷고 똥 푸는 청년의 이름을 불러 주고 관심을 준 것보다 더 큰 격려가 어디 있겠는가?

연규는 박사학위를 받고 교수가 되고, 그리고 자신처럼 불우한 학생들을 돕는 것이 마지막 꿈이었다. 닥터 카딩턴에게 받은 은혜를 그렇게 갚고 싶었다. 그는 물지게와 똥지게를 지고 기우뚱하지 않도록 조심하며 한 발 한 발 걸어갔다.[1]

좋은 일과 나쁜 일

닥터 카딩턴은 1957년 1월, 인도 뉴델리에서 열리는 국제결핵학회에 참석했다. 그는 방콕에서 하루를 경유하며 그곳 선교병원을 방문했다. 그는 태국이 1년에 두 차례 쌀을 추수한다는 것과 그 풍요로움에 놀랐다. 그는 병원의 환자들을 위해 태국 쌀을 사야겠다고 결심했다. "태국 쌀 작전"은 그렇게 시작되었다.

닥터 카딩턴은 태국의 선교병원 의사와 태국 재무부 장관, 그리고 한국에 있는 기독교세계봉사회의 도움으로 50톤의 태국 쌀을 한국 쌀의 반값에 구입했다. 한국사람들은 태국 쌀이 한국 것보다는 못하지만, 보리나 다른 곡식을 먹는 것보다는 낫다고 생각해 동의해 주었다.[2]

그러나 닥터 카딩턴의 야심찬 프로젝트는 애쓴 만큼 보람이 없었다. 쌀에 관한 한 한국사람들의 미각은 매우 예민했다. 찰기가 없이 퍼슬퍼슬한 태국 쌀은 입맛 까다로운 한국 환자들에게 외면당했다. 심지어 무료병동에 입원한 환자들에게마저 '외국 쌀'에 대해 불평이 터져 나왔다.[3] 환자들에게 쌀밥을 풍부히 먹이고 싶었던 닥터 카딩턴의 태국 쌀 프로젝트는 허무하게 끝이 났다.

다른 좋은 일도 있었다. 미국 교회선교 후원조직인 '교회의 여성(The Women of the Church)'은 여선교회의 '1957생일헌금'을 멕시코와 한국에 준다는 결정을 했다. 이 헌금은 남장로교단 교회의 여선교회 회원들이 선교를 위해 헌금한 것을 모아 가난한 선교지에 보내 주는 것으로 규모가 꽤 컸다. 한국의 결핵사업을 위해 쓰일 10만 달러가 넘는 이 선물은 향후 10년간 사용할 수 있어 놀라운 재정적 지원이 되었다. 이 선물은 늘 예산을 초과하는 경비로 "가느다란 실에 매달린 것처럼 위태로웠고", 자신들이 "바람에 흔들리는 채 방치되고 있다"고 느끼던 한국의 남장로교 선교사들의 사기를 높여 주었다.[4]

이 기금으로 닥터 카딩턴은 무의촌과 집에서 요양 중인 환자들에게 시급한 이동용 엑스레이 기기와 간호사 기숙사를 마련하고, 외과의사 한 명을 데려올 수 있는 기금을 확보했다. 제중병원에는 외과의사가 없어서 수술을 받으려면 전주 예수병원까지 환자를 싣고 갔다가 데리고 와야 했다. 중증의 폐결핵 환자들이 수술을 받고 포장도 안 된 도로로 거의 100킬로미터 떨어진 곳까지 차를 타고 오가는 것은 대단히 위험했다. 가끔 서울 세브란스 병원의 홍필훈 선생이 와서 수술을 해주었지만 거리가 너무 멀어 그것도 힘든 일이었다. 비용도 만만치 않았다.

어느 토요일 오후, 닥터 카딩턴이 병원에서 집으로 가려고 하는데 갑자기 맹장염 환자가 들이닥쳤다. 외과가 없는 제중병원에서는 수술을 할 수 없었다. 그는 이 환자를 싣고 다른 한국인 외과의를 찾아다녔다. 결국 이 환자를 수술해 줄 의사를 만났지만 오후 내내 아픈 환자를 차에 태우고 다니며 헤매야 했다. 닥터 카딩턴은 병원에 외과가 꼭 있어야겠다고 결심했다.[5]

새로 확보된 여선교회 생일기금 덕분에 젊은 호주인 외과의사 닥터 윌프레드 로렌스 심슨(W. Laurence Simpson) 선교사가 1958년 12월 제중병원에 올 수 있었다. 닥터 심슨은 1932년 호주 빅토리아에서 태어났고, 멜버른 대학에서 수련을 한 뒤 오스틴 병원에서 일반 및 흉부외과 수술 훈련을 받았다.[6]

제중병원의 기적 동자

닥터 심슨의 첫 번째 수술은 1959년 1월 1일에 있었다. 수술실은 완벽하지 않았고, 흉부외과 수술을 위한 기구는 광주에 주둔한 미군부대에서 제공해 주었다.

첫 번째 환자는 한유복이라는 농흉 환자였다. 수술 직전에 닥터 카딩턴은 전화를 받으러 나갔다. 닥터 심슨이 환자의 가슴을 절개해 놓은 상태였는데, 갑자기 병원 목수가 무균실인 수술실로 성큼성큼 들어왔다.

"그는 벽에 못을 박고 1959년 달력을 걸었다!"

그럼에도 불구하고 수술은 잘되었다.[7]

닥터 심슨의 두 번째 수술은 본격적인 폐절제 수술이었다. 이 수술은 젊은 신학생 양한묵이 받기로 했다. 새로 온 외과의 닥터 심슨이 폐절제 수술을 한다고 하자 양한묵이 닥터 카딩턴을 찾아왔다.

"원장님, 이번에는 제가 수술을 받을랍니다."

"지난번 예수병원에서 하는 좋은 기회에 안 하고 왜 처음 하는 이 수술 받으려고 합니까?"

양한묵은 심각한 폐결핵 환자로 처음부터 수술을 받았어야 했다. 그때는 하나님이 고쳐 주실 것 같아 다른 사람에게 양보했다. 그러나 병세는 나아지지 않았다.

"이미 결심이 섰습니다."

"예, 좋습니다. 신앙 좋은 사람이니 그렇게 합시다."

이번 수술은 시간이 오래 걸리는 대수술이었다. 양한묵은 제중병원 결핵 환자들의 모임인 요우회에 기도를 부탁한 다음 수술실로 들어갔다.

그가 11시간이나 되는 긴 수술을 마치고 마취에서 깨어나자 간호사들은 감격했다.

양한묵은 서울신학대학을 다니다가 폐결핵에 걸렸다. 서울신학대학 길보른(Edwin Kilbourne) 선교사의 추천서를 가지고 닥터 카딩턴을 찾아와 치료를 받았다. 그가 신학생이라고 하자 닥터 카딩턴은 더 따뜻한 관심을 보여 주었다. 카딩턴은 그에게 처음부터 수술을 권했다.

수술을 한 지 3일이 지났다. 갑자기 염증이 생겼다. 열은 39도 이상을 오르내렸다. 그가 깔고 있던 담요가 흠뻑 젖어 나갔다. 오른쪽 폐는 엑스레이에 나타나지도 않을 정도로 무너져 내렸다. 마취도 없이 폐에 구멍 두 개를 내고 고무호스를 끼워 고름을 뺐다. 그때의 고통은 말로 표현할 수가 없었다. 의식이 오락가락했다. 양한묵이 기억하는 것은 밤 12시경, 폐에 낀 고무호스 안의 고름을 빼내며 그를 위해 기도해 주던 간호사 크로크네스 선교사의 기도 소리였다.

그의 몸은 뼈와 가죽뿐이었다. 등가죽이 밀리지 않도록 손을 대고 누워야 했다. 중환자실로 들어가 면회가 사절되었다. 숨을 몰아쉬지 않으면 맥박이 뛰지 않았다. 그는 기도할 힘도 잃고 어둠에 짓눌렸다. 파리가 앉아도 맷돌이 얹힌 것처럼 무거웠다. 그는 마지막으로 하나님께 기도했다.

"주님, 저는 죽어도 좋습니다. 하지만 이번에 잠깐만이라도 살아나게 해주세요. 많은 환우들이 지켜보며 제가 살아나길 기도하고 있습니다. 주여, 영광 받으신 다음 곧 데려가 주세요."

새벽 4시쯤이었다. 주님의 말씀이 번개같이 그의 의식을 깨웠다.

"한묵아, 너는 흙이니 내가 너에게서 떠나면 너는 흙덩이일 뿐이다. 네가 했다고 자랑하는 전도와 봉사는 다 내가 너와 함께 한 것이니 네가 한 것이 아니다."

순간, 성경 말씀이 떠올랐다.

"너희는 그 은혜에 의하여 믿음으로 말미암아 구원을 받았으니 이것은 너희에게서 난 것이 아니요 하나님의 선물이라. 행위에서 난 것이 아니니 이는 누구든지 자랑하지 못하게 함이라."

에베소서 2장 8-9절 말씀이었다. 그는 대성통곡하며 하나님께 회개를 했다.

    그는 결핵 환자로 입원 중에도 쉬지 않고 전도하고 말씀도 전하고 봉사도 했다. 그러나 그 밑에는 자랑하는 마음이 깔려 있었다. 주님은 그 은밀한 것까지 다 보고 계셨다. 한참 울며 기도하다 보니 아침이 밝아 왔다. 주님이 주시는 평화가 밀려왔다. 이제 곧 천국에 들어간다고 해도 아무 두려움이 없었다. 그는 편히 눈을 감고 쉬었다.

    며칠이 지났다. 이틀에 한 번씩 찍는 엑스레이 촬영을 마친 후, 한묵을 수술했던 닥터 심슨이 병실 문을 열고 들어왔다.

    "미스터 양, 당신 결핵 환자 맞아요?"

    할렐루야! 기적이 일어나 폐가 다시 살아난 것이다. 그는 자기 발로 걸어 중환자실을 나왔다. 사람들은 그를 기적 동자라고 불렀다. 결핵 환자들은 자기 일처럼 기뻐해 주었다. 그가 살아난 것을 보고 그들도 희망을 가졌다.

보리떡 다섯 개와 물고기 두 마리의 꿈

양한묵이 회복되고 제일 먼저 찾은 사람은 무료병동에 입원해 있던 한 아주머니였다. 그 아주머니 역시 결핵 환자면서도 새벽이면 쌀누룽지를 끓여 그에게 와서 열 때문에 아무것도 먹지 못하던 그를 안고 수저로 떠먹여 주었다. 두 달 동안 거의 매일 그렇게 했다. 이름도 모르는 이였다. 한묵이 찾아갔을 땐 이미 퇴원하고 없었다. 그는 그 아주머니를 하나님께서 보내신 천사라고 생각했다.

어느 날, 닥터 카딩턴이 그를 진료실로 불렀다.

"미스터 양, 병원 전도사로 일할 생각 없습니까?"

그는 할 수 없다고 거절했다. 신학생이지만 병으로 학업을 중단한 사람이 전도사로 일할 수는 없었다. 닥터 카딩턴은 창밖을 보면서 조용히 말했다.

"미스터 양, 지금 많은 사람들이 죽어 가고 있습니다. 드와이트 무디 선생도 신학교를 다니지 않았지만 큰일 하셨습니다. 지금 실력이면 미스터 양도 충분히 일할 수 있습니다."

그는 처음에 구제품을 극빈 환자들에게 나눠 주는 부서에서 일을 했다. 그 후 중단했던 신학을 마저 공부하고 정식으로 목사가 되었다.

닥터 카딩턴은 수시로 그를 불러 여러 일들을 상의하고 맡겼다. 그는 닥터 카딩턴과 함께 퇴원한 결핵 환자들이 모여 사는 무등원과 갱생원, 정신질환자 수용소, 윤락가 등을 다니며 사역을 했다.

한번은 닥터 카딩턴이 서울로 회의 차 가는데 엿장수가 각혈을 하며 쓰러지는 것을 보았다. 그는 그것을 보고 그대로 지나칠 사람이 아니었다. 서울에 가는 것을 포기하고 그 환자를 데려다가 입원을 시켰다. 3개월 후, 환자의 병세가 많이 좋아져 퇴원을 시키려는데 그가 갑자기 닥터 카딩턴의 멱살을 잡았다.

"나는 시방 퇴원하믄 죽은 목숨잉게 이 방에서 한 발짝도 못 나간당께."

은혜를 원수로 갚는 그 엿장수가 한심했지만, 양한묵은 세 시간이나 설득해 겨우 퇴원 동의를 받아냈다. 퇴원하겠다고 원장실에 갔던 그 사람이 이번에는 양한묵의 멱살을 틀어쥐었다.

"이놈아, 고 원장은 더 있으라 했는디 니놈이 뭔디 날 퇴원시켜?"

그새 닥터 카딩턴은 그 환자가 딱하다고 여겨 퇴원을 3개월 더 연장시켜 준 것이었다. 양한묵이 억울해서 닥터 카딩턴의 방으로 따지러 갔더니 그는 웃으면서 말했다.

"어떤 사람 깊은 함정에 빠졌지요. 그 사람 덤불이라도 잡고 싶겠지요. 이 사람 퇴원하면 각혈 또 하지요. 그러니 내 멱살 잡을 수밖에 없지요. 그러니 3개월 더 연장해 줍시다."

집안이 잘사는 환자가 퇴원하면서 고맙다고 닥터 카딩턴에게 금반지를 하나 선물했다. 사흘도 못 가서 그는 누군가에게 그 금반지를 줘 버렸다. 기념일에 누군가가 양복을 해줘도 마찬가지였다. 집에 가는 길에 그는 거지한테 그 옷을 벗어 주고 갔다.

한여름에 찾아온 어떤 환자는 닥터 카딩턴에게 자기는 돈이 없다고 잡아뗐다. 그가 입은 모시적삼 주머니 속에 들어 있는 돈이 카딩턴의 눈에도 보였다. 하지만 닥터 카딩턴은 웃으며 말했다.

"현미경처럼 돈이 환하게 보입니다. 그러나 그 돈 차비 해야지요?"

어떤 환자는 약을 타서 먹지 않고 모아두었다가 내다팔았다. 직원들이 그 환자를 쫓아내자고 카딩턴 원장에게 말했더니 원장은 화를 내며 말했다.

"예, 그 사람 환자입니다. 나아서 내보내야 합니다."

그의 선함을 이용하는 사람들이 많았지만 닥터 카딩턴은 개의치 않았다. 아프면 낫게 해주고, 배고프면 먹여 주고, 가난하면 구제하는 것이지 다른 이유가 없었다.

그의 환자 사랑은 병원의 적자와 직원들의 과로로 이어졌다. 혼자 거룩한 척한다는 비난도 받았고 원장으로서 무능하다는 말도 돌았다. 행정에 유능하지 못한 것은 한편으로 맞는 말이었다. 행정 능력이 없다기보단 선천적으로 계산을 하지 않는 사람이었다. 그는 주님의 일을 위해 쓰면 주님이 채우신다는 말씀을 그대로 믿었다.

그러나 거룩한 척한다는 말은 절대로 틀렸다. 어느 의사가 환자를 위해 자기 피를 빼 주고, 결핵균이 들끓는 그 입에 대고 인공호흡을 한단 말인가? 어느 의사가 퇴원한 결핵 환자가 갈 데가 없다고 자기 아내와 아이들이 사는 집에 같이 살게 한단 말인가? 아무리 선교사라고 하지만 어느 선교사가 업무 전과 퇴근 후에도 길거리에 나가 전도지를 돌린단 말인가?

닥터 카딩턴은 선교병원만큼은 돈 없는 사람들의 마지막 피난처가 되어 무조건 치료를 해줘야 한다는 신념이 있었다. 선교병원이 최고의 시설에서, 최상의 진료를 베풀어야 한다는 다른 선교사들의 의견도 옳지만, 그는 병원의 규모와 시설보단 아픈 이들이 부담 없이 의사를 만나는 것이 중요하고 이것이 선교의 시작이라고 보았다.

그는 늘 후원을 요청하는 편지, 후원에 감사하는 편지를 썼다. 그는 하나님께 재물을 넉넉하게 받은 사람들이 가난한 자들과 나누며 함께 살아가는 세상을 하나님께서 원하신다고 여겼다. 그는 보리떡 다섯 개와 물고기 두 마리로 5천 명을 먹이고 남은 것이 열두 바구니에 차는 것을 꿈꾸었으나, 다른 사람들은 빌립처럼 "이백 데나리온의 떡이 부족하리이다"(요 6:7)라며 계산부터 했다.

생수가 나는 곳

　제중병원에 입원한 결핵 환자들은 입원한 지 6개월이 되면 무조건 퇴원해야 했다. 갈 데 없는 환자들을 닥터 카딩턴 혼자서 돌보는 데는 한계가 있었다. 이 딱한 사정을 듣고 오방 최흥종 목사와 한국 YMCA 총무인 현동완 선생 등이 중심이 되어 1954년 송등원을 세웠다. 닥터 카딩턴은 김준호 선생과 박두옥 장로 등과 함께 이사가 되었다. 후에 송등원은 남자 환자들을, 1956년 세운 무등원은 여자 환자들을 위한 시설이 되었다가 무등원으로 통합되었다.

　전경애 자매는 스무 살 되던 해, 속립성 결핵에 걸렸다. 감기인 줄 알았는데 밤새 개가 짖는 것같은 기침이 멎지 않더니 급기야 각혈을 했다. 급성결핵에 걸리면 십중팔구는 죽는다고 했다. 그녀의 외삼촌은 제중병원에 그녀를 입원시키고 서울로 이사를 갔다. 그녀는 여자 환자들만 있던 무료병동에 들어갔다. 이 병원에서는 가난한 사람들에게도 차별 없이 미국에서 온 좋은 약을 쓴다고 했다. 닥터 카딩턴은 그녀가 위중하다며 여러 번 수술을 권했지만 경애는 거절했다.

6개월이 지나자 아직 병이 낫지 않았지만 무조건 퇴원을 했다. 경애는 갈 곳이 없었다. 그런 환자들이 갈 수 있는 곳이 딱 하나 있었다. 무등원이었다. 경애는 무등산 개원사 옛 절터에 있는 은혜실로 갔다. 이곳은 중증의 여자 결핵 환자들 20명 정도가 있는 곳이었다. 병원에서도 포기한 환자들이라 각혈을 하며 쓰러져 죽는 환우들이 많았다. 그들은 이생의 마지막 순간을 그들을 돌보기 위해 무등원에 들어온 건강한 자매들의 따뜻한 돌봄 속에서 맞이했다.

인간의 생명은 참으로 신비로웠다. 산중에 지은 거처는 돌과 풀을 뭉쳐 지은 움막이었다. 쌀과 보리는 위중한 환자들에게만 주고 다른 사람들은 옥수수가루와 밀가루, 제중병원에서 얻어 온 잔반을 먹었다. 그런데도 경애는 몸이 점점 나아 갔다. 걷지도 못해 지게에 실려 왔던 순덕도 얼마 안 가 다 빠져 버렸던 머리가 새까맣게 다시 나기 시작했다. 병도 하나님의 선물이라고 생각하며 받았더니 저절로 나은 모양이었다.

천국은 그들 가운데 있었다. 병들고 못 먹어도 자기보다는 남을 더 생각하고, 시래기죽마저 더 배고픈 사람에게 양보하는 곳이 천국이었다.

한 달에 한두 번씩 닥터 카딩턴은 옥수수, 밀가루, 가루우유 등의 구호식량과 그릇부터 옷가지까지 쓸 만한 물건들을 병원차에 실어 보냈다. 운전기사 방안식 씨나 방문실 직원, 보건 간호사가 차가 들어갈 수 있는 화암 부락 옆 도로 가에 구호품을 내려놓고 가는데, 그곳에는 종종 갈 곳 없는 퇴원 환자가 서 있기도 했다. 닥터 카딩턴은 환자를 보낼 때 약간의 식비와 생활비를 같이 보냈다.

닥터 카딩턴은 나뭇짐을 지고 가다 굶주림에 쓰러진 할머니가 있다는 말을 듣고 옥수수가루로 빵을 만들어 하루 300개씩 무등산 나무꾼들에게 나눠 주기도 했다.[8]

닥터 카딩턴의 이런 호의는 다른 사람들의 질투를 일으키고 모함의 빌미가 되기도 했다. 어느 날인가는 병원 환자들 가운데 왈패 같은 이들이 무등원에 몰려가서 구호품 받은 것을 다 내놓으라고 윽박질렀다. 다 자기들 주라고 미국에서 보내온 것인데 원장이 임의로 나눠 준 것은 불법이라면서. 무등원 식구들은 순순히 다 내주었다. 바닥까지 긁어 가고도 도둑 누명을 씌우고 더 안 내놓으면 죽인다고 칼도 들이댔다. 더 속상했던 것은 그렇게 가져간 귀한 밀가루를 시장에 팔아 술 먹고 있는 것을 본 것이었다. 그들은 카딩턴 원장도 검찰에 고발해 수사를 받게 했다. 하지만 카딩턴 원장처럼 깨끗한 사람이 없다는 수사 결과가 나왔다.

무등원이 시작된 것은 김준호 선생이 결핵으로 제중병원에 입원해 닥터 카딩턴에게 치료를 받았던 것에서 시작된다. 성 프란치스코를 본받아 "성스러운 가난"으로 살려 했던 그는 광주천 다리 밑에서 거지들과 함께 살다가 골결핵에 걸렸다. 그는 제중병원에서 같은 환우였던 한 청년을 만났다. 그 청년은 퇴원해도 갈 데가 없었다. 부모님은 다 돌아가시고 형수 집밖에 없는데 어린 조카들이 감염될까 봐 그곳에 갈 수 없었다. 그는 김 선생에게 부탁했다.

"생수가 나오는 곳에 움막이라도 쳐 주세요. 내 손으로 물이라도 떠서 먹고 살다가 하늘나라에 가고 싶습니다."

그 약속은 지킬 수 없었다. 그 청년이 죽었기 때문이다. 김준호 선생은 퇴원하자 두 명의 고아소년을 데리고 무등산으로 들어가 생수가 나는 곳을 찾아 움막을 지었다. 1956년 여름, 세상 사람들은 물도 나눠 먹기 싫어하는 결핵 환자들이 죽는 순간에라도 따뜻한 보살핌 속에서 마지막을 맞게 하려고 시작한 움막은 무등산 곳곳에 자리를 잡게 되었다.[9]

사랑의 치유력

닥터 카딩턴은 전남대 의과대학의 3학년, 4학년 수업도 맡았다. 이 수업을 통해 많은 의과대 학생들이 그에게 큰 도전을 받았다. 의대생 몇몇은 나중에 제중병원의 의사로 왔고, 병원의 최고 책임자가 되었으며 그중 몇몇은 그를 따라 선교사가 되었다.

한 병원의 원장이며 대학에서 의대생들을 가르치는 의사였지만 그는 누구보다 전도지를 가장 많이 돌리는 전도자였다. 닥터 카딩턴은 술집과 대인동 윤락가에도 전도를 하러 갔다. 포주들에게 끌려 들어가는 봉변도 당했지만, 그는 또 다시 가서 그 포주를 설득해 전도 집회를 열고, 윤락가 여성들과 함께 무등산에서 야외예배를 드리기도 했다. 혹 성매매 일을 그만두겠다는 사람이 있으면 재봉틀을 사 주고 머물 집과 자금도 마련해 주었다.

술집에 가서 전도지를 나눠 주면 술꾼들이 조롱을 했다.

"긍께, 당신네 나라는 술집이 없는갑소?"

닥터 카딩턴은 전도할 때 모욕을 당해도 기가 죽는 법이 없었다.

"예, 미국에 술집 있습니다. 그래도 지금 여러분은 예수님 믿으셔야 합니다."

가끔 병원의 직원들이 거리에 서서 전도하는 원장을 만날 때가 있었다. 한번은 기숙사에서 지내는 간호사들이 양림다리 근처로 놀러 나갔다. 즐겁게 얘기하며 가는데 어디서 본 듯한 커다랗고 다 떨어진 구두가 눈에 띄었다. 닥터 카딩턴이 노방전도를 하며 전도지를 나눠 주고 있었다. 어둑어둑하니 그들이 직원인 줄도 모르는 모양이었다.

"하나 받아 보세요. 예수님 믿으세요."

그녀들은 웃으며 도망갔다. 스무 살 처녀들, 아무것도 모르는 그들은 원장의 그 모습이 영 부끄러웠다.

사람들은 비웃었다.

"저렇게 전도해서 누가 예수를 믿겠어?"

김연자 간호사의 아버지는 공무원이라 북한군이 쳐들어왔을 때 사형감이었다. 그런데 어쩌다가 살아남아 수복 후에는 좌익으로 오해받고 고초를 겪었다. 그때 그녀 아버지의 결백을 밝혀 준 사람이 플로렌스 루트, 유화례 선교사였다. 유 선교사는 6.25때 피난을 가지 않고 끝까지 광주에 남아 있었다. 김 간호사의 아버지는 그때부터 예수님을 믿었다. 얼마나 독하게 믿었는지 자녀들이 교회에 안 나가면 상급학교에 보내지 않았다.

김연자 간호사는 학교를 마치고 기독병원에서 일하고 싶어 제중병원으로 왔다. 그때 의료진들은 참 헌신적이었다. 카딩턴 원장의 영향을 받아선지 그녀의 눈에는 의사나 간호사나 다 자기 몸을 던져 환자들을 돌보는 것 같았다. 원장은 환자가 피를 토하면 맨손으로 핏덩이를 다 꺼냈다. 크로크네스 간호과장도 환자가 퇴원하면 그 무거운 매트리스를 번쩍 들어 어깨에 들쳐 메고 나와 병원 밖 햇볕 좋은 곳에 널었다.

"햇볕 좋지요. 필요하지요."

간호사가 그런 일까지 해야 하나 싶었지만 과장이 솔선수범하니 따르지 않을 수 없었다. 크로크네스 선교사는 한국에 있는 노르웨이 의료부대에서 복무하다가 제대해서 그런지 참 씩씩했다.

헌신적인 의료진 덕분인지 제중병원에서는 도저히 이해할 수 없는 기적 같은 일들이 일어났다. 다 죽어 가던 중환자가 회복되어 걸어 나갔다. 사랑의 놀라운 치유력이었다.

아기들에게 사랑 주세요

닥터 카딩턴과 페이지 여사에게 다섯 번째 아기가 찾아왔다. 1956년 7월 9일, 페이지 친정아버지의 이름을 딴 사내아이 루이스 랭커스터(Lewis Lancaster)가 태어났다. 큰아들 허버트는 벌써 선교사 아내들이 선교사 사택단지에 문을 연 초등학교에 다니고 있었다.

다섯 명의 작은 카딩턴들은 잘 지내고 있습니다. 허비는 제 아내 페이지가 선생으로 있는 곳에서 학교생활을 시작했습니다. 줄리는 이웃인 빌리 브라운과 같이 유치원에 갑니다. 메리 페이지는 자기가 마치 유치원에 가는 것처럼 굽니다. 지금 두 살인 데이비드는 혼자서 그냥 즐겁습니다. 태어난 지 석 달된 루이스는 모든 사람들의 관심을 받고 있습니다.[10]

닥터 카딩턴은 아픈 아이들과 고아, 거지아이들에 대한 관심이 높았다. 병원을 처음 개원했을 때 들어왔던 열세 살짜리 소년에 관해 편지에 쓴 적도 있다.

가끔 우리가 사역을 잘하고 있는지 의심이 들 때가 있습니다. 그럴 땐 목에 생긴 결핵의 통증으로 일주일 동안 아무것도 먹지 못하고 병원에 왔던 열세 살 어린 소년을 생각합니다. 이 소년의 아버지는 완전히 절망한 상태로 아이를 데리고 왔습니다. 다행히도 이 결핵은 스트렙토마이신이란 항생제가 잘 듭니다. 몇 주 후, 모든 통증이 사라져 버리자 지금 아이는 정말 잘 먹고 있습니다. 이 소년 같은 환자는 우리가 겪는 어려움을 잊게 해주고, 우리가 주님의 일을 잘하는지에 대한 의심이 들 때 충분한 응답이 됩니다.[11]

병원 근처를 헤매고 있던 십대 결핵 환자를 친절한 공무원이 데려온 이야기도 있다.

소녀의 부모는 모두 전쟁 초기의 혼란 가운데 죽임을 당했습니다. 최근까지 소녀와 네 명의 동생들은 친척과 함께 살았는데, 그녀가 결핵을 앓고 있다는 것이 드러나자 홀로 내쫓겼습니다. 현재 상황으론 그렇게 하는 것이 나머지 가족이 살 수 있는 해결책일 것입니다.[12]

닥터 카딩턴은 그래함기념결핵요양소(광주제중병원)가 재개원한 지 5년을 맞이해 감사가 넘치는 편지를 썼을 때도 제일 먼저 열다섯 살 임복남이라는 소년의 이야기를 적었다.

그 소년은 후두결핵에 걸려 점점 호흡이 어려운 지경에 이르렀으나 스트렙토마이신 덕분에 극적으로 회복되었습니다. 복남이는 병원 전도사의 전도로 예수님을 믿게 되었습니다. 이후에 예수님을 몰랐던 그 소년이 살던 마을에 교회가 생겼다고 합니다. 어제 진찰실을 방문한 복남이는 아주 건강해졌습니다. 소년은 그 마을에 새로 생긴 교회에 대해 얘기해 주었습니다. 교회 부지는 그 마을에서 가장 부유한 사람이 기증한 것이라고 합니다.[13]

닥터 카딩턴의 아이들 사랑은 유별했다. 특별히 고아와 거지아이들에게는 그가 할 수 있는 최대한의 사랑을 베풀었다. 길거리 아이들을 잡아 가두는 갱생원과 고아원을 수시로 방문하고, 그 안에서 아픈 아이들을 발견하면 데려와 치료를 해주었다. 제중병원 임상병리사였던 정장윤 선생도 닥터 카딩턴을 따라 갱생원에 자주 나갔다. 철장 안에 지체장애인, 정신장애인 할 것 없이 가둬 놓은 것을 보고 그는 마음이 많이 아팠다. 정 선생은 닥터 카딩턴이 아이들 한 명 한 명을 살피고 담당 직원들에게 잘 돌봐 달라 부탁하는 모습이 오랫동안 잊히지 않았다.

결핵에 걸린 아기들을 따로 모아 간호하는 영아실이 있었다. 그 병실에는 부모가 있는 아기들도 있지만, 대부분은 고아원에서 온 아기들이었다. 닥터 카딩턴은 이 아기들에게 많은 시간을 들이며 관심을 가지고 돌보았다.

"간호원, 사랑 주세요. 왜 이 아기가 마릅니까? 사랑 없으니까 마릅니다. 사랑 주세요."

닥터 카딩턴이 병원에 출근하면 제일 먼저 들리는 곳이 아기들의 입원실이었다. 영아실 담당 간호사들은 원장이 나타나면 또 잔소리를 들을까 싶어 재빨리 다른 곳으로 도망을 갔다.

닥터 카딩턴은 특히 고아들에게 관심이 많았다. 간호사들은 부모가 있는 아기이건 고아이건 차별 없이 대하고 달걀과 우유를 똑같이 먹였다. 그런데 이상하게도 부모가 있는 아기들은 살이 토실토실 오르고 병도 잘 낫는데, 고아들은 자꾸 마르고 병이 오래갔다. 보통 아기들은 무언가 불편하면 가차없이 울고 보챈다. 그러나 고아들은 울지도 웃지도 않고 그 어린 것들이 눈치를 보았다. 아파도, 배고파도 눈을 동그랗게 뜨고 참았다. 이 간호사들이 자기한테 어떻게 할까, 하듯 기색을 살피는 것 같았다. 한번 버려졌다는 것이 말도 못하는 그 아이들에게 얼마나 큰 상처를 주었는지 보기만 해도 가여웠다.

"사랑 주세요. 아기들은 사랑 먹고 살지요. 간호원, 이 아기 사랑 주세요."

간호사들도 원장의 잔소리가 미워서 야단치는 것이 아니라는 것은 알고 있었다. 고아들을 한 번 더 안아 주고 한 번 더 만져 주라는 당부였다. 카딩턴 원장은 대나무로 짠 바구니 아기침대 안의 아기들을 자상하게 토닥여 주고 자기 업무로 돌아갔다.

닥터 카딩턴은 자기 아이들이 다섯 명이나 사는 집에 거지아이들과 고아, 결핵에 걸린 갈 곳 없는 아이들을 데려와 함께 살기도 했다. 사람들은 그를 "고아의 아버지"라고 불렀다.

4부

천국은
아이들의 것

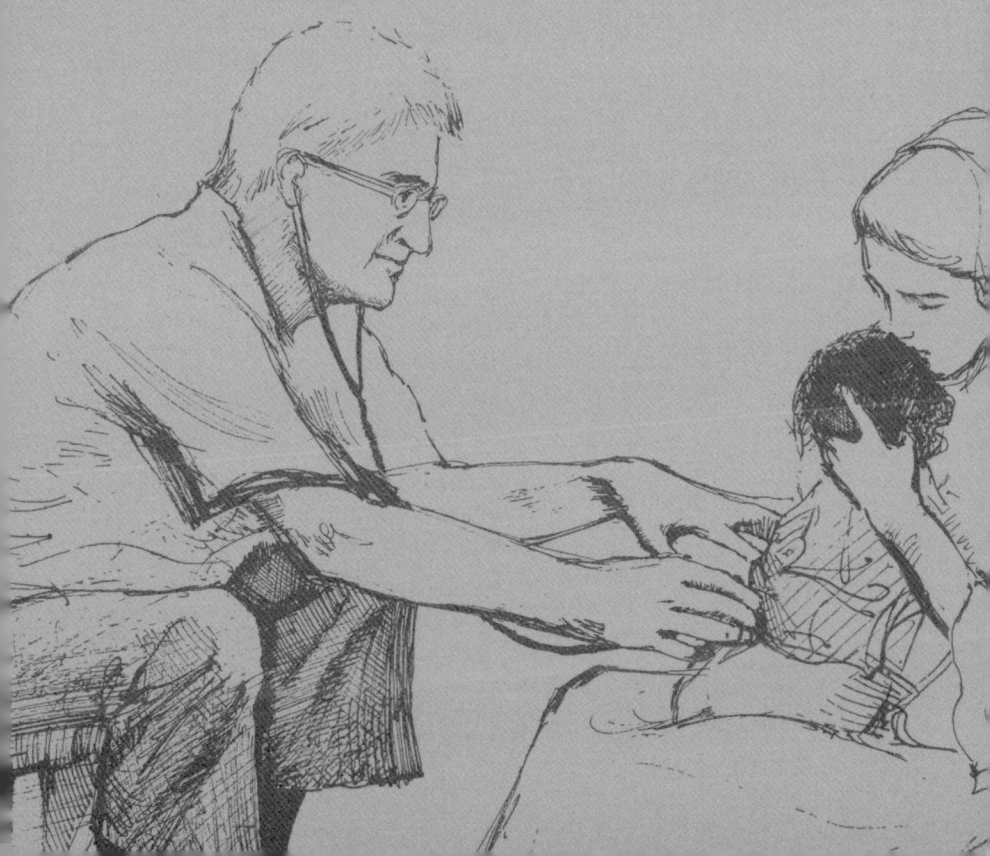

지미는 어떻게 하든 고아원이나 갱생원으로는 절대로 가지 않을 작정이었다. 폭력과 굶주림, 짐승들을 가둬 놓은 것 같은 그곳이 어떤 지는 충분히 알고 있었다. 열네 살, 확실하지는 않지만 지미는 자기 나이가 그쯤 되었을 거라고 추측했다. 그의 기억으로는 전쟁이 일어나기 전 해 즈음부터 길거리를 헤맸던 것 같다. 아마도 네 살쯤이었을 것이다. 아마도 자신이 집을 잃었을 것이라고 믿었다.

전쟁이 일어나자 거리에 고아들이 급증했다. 남의 집 처마 밑이나 다리 밑에서 자던 아이가 아침이면 죽어 있었다. 시체를 가마니로 둘둘 말아 놓으면 누군가가 쓰레기처럼 실어 갔다.

지미는 운 좋게 친절한 미군을 만나 하우스보이로 들어갔다. 그는 지미로 불렸다.

지미는 영특했다. 미군들이 가르쳐 주는 영어를 곧잘 따라하고 알파벳을 익혔다. 그가 심부름을 할 만큼 자라자 막사 안 미군들의 침대를 정리해 주고, 구두도 닦고, 빨랫감을 처리하고, 우편물을 찾아서 나눠 주는 일을 맡았다. 그 안에서는 최소한 추운 잠자리와 굶주림은 없었다. 그를 귀여워하던 몇몇 미군들이 그를 미국으로 데려가려 했지만 이상하게 기회가 틀어지곤 했다. 마지막으로 그를 꼭 입양하려던 미군이 있었다. 그가 한국의 입양기관에 신청을 했지만 거절 통지가 왔다. 이유는 정확하지 않았다. 지미의 나이가 입양을 할 수 있는 연령을 지나 버렸는지도 모른다. 들리는 말로는 그 병사의 아내가 일본인이었기 때문이라고도 했다. 그때는 반일감정이 상당했다.

또 한 가지 이유가 있었다. 언젠가부터 지미의 몸에 이상이 생겼다. 온몸의 관절이 붓고 아프더니 점점 더 몸이 뒤틀어지며 뻣뻣해지기 시작했다. 아무리 선한 사람도 병든 아이를 입양하기에는 부담이 있었을 것이다. 그 병사는 갑자기 부친이 별세하는 바람에 미국으로 들어갔다. 그 부대도 철수하게 되어 지미는 더 이상 미군부대에 남아 있을 수 없었다. 몸에 병이 들었으니 일도 할 수 없었다. 거리에서 동냥하다가 죽어 가든가, 아니면 끔찍한 갱생원으로 끌려갈 일밖에 없었다. 닥터 카딩턴이 그의 딱한 처지를 알게 되었다.

닥터 카딩턴은 자기 집으로 지미를 데려왔다. 병원에서 관절염에 좋은 약으로 치료도 받게 해주었다. 병은 쉽게 낫지 않았지만, 지미에

겐 처음으로 경험하는 따뜻한 가정이었다. 닥터 카딩턴이 하루는 지미에게 물었다.

"지미, 무엇이 가장 하고 싶습니까?"

"학교에 가서 공부를 해보고 싶습니다."

나이는 중학생이지만 고아에, 학교라고는 전혀 가 보지 않은 아픈 소년을 받아 줄 학교가 없었다. 닥터 카딩턴은 지미를 선교사 자녀들이 다니는 대전의 크리스천 아카데미에 넣어 보려고 했다. 면접을 보러 가는 날, 카딩턴 원장의 큰아들 허비는 자기 옷을 지미에게 입혀 주었다. 크리스천 아카데미의 관계자는 대단히 친절했지만 입학은 거절되었다.

낙심한 지미를 위로해 준 사람들은 카딩턴 가족들이었다. 페이지 여사는 집에서 그에게 미국식 교육을 시작했다. 페이지 여사는 선교사의 자녀들을 가르치는 선생이었다. 그녀는 지미에게 맞는 책을 읽게 하고 쓰기를 가르쳤다. 그가 영어 해득력이 높아지자 24권짜리 영어 백과사전을 읽게 했다. 그 안에는 학교에서 배울 수 있는 것 이상의 지식이 들어 있었다. 그의 영어 실력과 지적 능력은 하루가 다르게 성장했다. 양림동 골목을 한국아이들과 놀러 다니느라 바빴던 카딩턴 원장의 둘째 딸 메리 페이지는 말했다.

"아빠, 지미가 나보다 영어를 잘해요."

페이지 여사는 마음씨가 참으로 따뜻했다. 자신의 여섯 아이들을 돌보고 병원과 학교 일을 하고, 또 한국 대학생들에게 영어성경 공부를 지도하느라 무척 바빴지만 틈틈이 지미의 굳고 뒤틀어지는 관절을 마사지 해주었다. 아침이 되면 지미의 관절은 더욱 뻣뻣해 몸이 나무토막 같았다. 아이들은 그를 방에서 데려다가 식탁의자에 앉혀 주느라 애썼다. 그 식탁의자는 몸을 펴기 어려운 지미를 위해 다리를 높게 만들고 나무로 직접 짠 특별한 것이었다.

입양 이야기가 나왔지만 이미 지미의 나이가 훌쩍 지나 불가능했다. 닥터 카딩턴이 후원자가 되기에도 어려웠다. 지미가 보기에도 닥터 카딩턴은 선교사 사택단지의 선교사들 가운데 가장 가난했다. 대신 닥터 카딩턴은 미국에 있는 다른 후원자를 얻을 수 있도록 도와주었다. 지미는 그들에게 편지를 썼다. 다행히 그를 초청해 치료를 받게 해주겠다는 독지가가 나타났다.

지미는 카딩턴 가에 머물던 4년 동안 생전 처음으로 인간 대접을 받았다. 그리고 가족이 생겼다. 지미는 카딩턴 가의 다섯 번째 아이 루이스의 생일을 맞아 그가 직접 색칠을 하고 이름을 새긴 탄약통을 선물했다.

지미는 미국으로 떠날 준비를 했다. 한국에서의 기억은 혹독했다. 하지만 새로 생긴 카딩턴 가족을 다시는 잃어버리지 않을 작정이었다.

○ 주일학교를 좋아하는 선교사 아이들

페이지 여사는 두 번째 안식년을 앞두고 편지를 썼다. 1959년 6월 4일 편지에는 200명의 환자가 입원해 있고 한 달에 1,500명의 외래환자들을 보고 있다는 간단한 병원 현황을 소개했다. 목수가 나무로 짠 40개의 침상에 싸구려 솜을 넣은 매트리스를 깔았던 개원 초기에 비해 규모가 열 배 이상 커졌다. 병원 규모뿐 아니라 전도도 활발해 위대한 의사이신 그리스도 안에서 환자들이 영적인 건강과 평화를 얻고 있다는 소식도 전했다. 닥터 카딩턴은 "하나님께서 우리를 돕고 계시다는 섭리의 증거는 다 나열할 수 없을 정도로 많다"고 고백했다.

긴요한 시간에 딱 맞춰 도착한 의약품들, 기독교세계봉사회에서 보내주는 물품들, 특별히 한국 정부의 선물 같은 쌀 지원, 매해 새로운 부역과 같이 꼭 있어야 할 시설들을 개선할 수 있도록 애서 주는 우리 선교회의 끊임없는 노력 등.……우리의 희망은 우리 앞에 놓인 크고 유일한 기회를 맞아 우리의 능력을 최대한 발휘하는 것입니다. 기독교 단체는 물질적으로 도와야 하는 시급한 상황에 처할 때가 많습니다. 이것은 예수님의 이름으로 복음의 의미를 드러내 주는 일이지요.……훗날 이때를 돌아봤을 때, 우리가 가진 능력으로 최선을 다했다는 것을 볼 수 있었으면 합니다.[1]

슬픈 소식도 있었다. 닥터 카딩턴의 아버지 허버트 카딩턴 시니어가 73세의 나이로 1959년 5월 21일 하나님의 부르심을 입었다. 외과 의사였던 그는 맏아들인 닥터 카딩턴이 선교사로 한국에 가는 것을 찬성하지는 않았다. 자신의 잘나가는 병원을 이어받기를 바랐기 때문이다. 그러나 닥터 카딩턴의 아버지는 인종차별이 심했던 시절에도 아프리카계 미국인들을 위한 지역병원에서 그들을 치료해 주었다. 그는 수술 솜씨가 뛰어났고, 환자들에게 친절해 "온유한 손(gentle hands)"이라 불리며 존경을 받았다.

페이지는 다섯 아이들의 소식도 편지에 적었다.

아이들도 무척 행복한 5년이었습니다. 아이들은 한국 친구들도 많고 한국어도 쉽게 구사하고 있습니다. 저는 3학년이 된 허버트를 가르치고 있고, 줄리는 이웃 선교사의 아이와 함께 2학년에 다니고 있습니다. 메리 페이지는 집에서 1학년 과정을 배우고 있습니다. 내년 가을에 데이비드가 미국식 유치원에 다니기 시작하면 이제 세 살 된 루이스가 집에 남아 있는 유일한 아이가 될 것입니다. 루이스는 한 번도 미국에 가 보지 못한 아이라 그곳의 재미있는 일들에 대해 알지 못합니다. 그러나 이곳이 우리 가족 모두의 집입니다.[2]

닥터 카딩턴의 아이들은 광주 양림교회의 주일학교에 다녔다. 그 이야기를 페이지 여사는 "선교사의 자녀가 한국에 있는 주일학교에 갑니다"라는 제목으로 글을 썼다.

아침식사도 하기 전에 주일학교에 간다면 어떻겠어요? 여덟 살 허버트와 일곱 살 줄리 카딩턴은 매 주일 아침 6시 30분까지 주일학교에 갑니다. 여름에는 더 이른 시간에 가지만, 그 둘은 결코 주일학교에 빠지려고 하지 않습니다. 허버트는 아침도 먹지 않고 일찍 출발하기 위해 종종 엄마에게 새벽 5시 30분에 깨워 달라고 부탁합니다. 사실 교회는 걸어서 5분밖에 걸리지 않는 곳인데도 말이지요. 허버트의 어린 남동생들과 여동생들은 여러분이 교회에 가는 시간보다는 조금 이른, 아침 9시까지 주일학교로 갑니다. 허버트와 줄리가 그렇게 일찍 주일학교에 가는 것은 교회의 모든 주일학교가 한 번에 시작할 수 있는 공간이 없기 때문입니다.

광주에서 한국에 있는 미국 선교사들의 모임이 있었을 때, 저는 허버트가 미국 친구들과 어울려 노는 것을 기뻐할 거라고 생각했습니다. 그러나 허버트는 한국교회 주일학교에서 준비한 어머니날 행사 리허설에 참가한 것에 더 흥분했습니다. 어머니날 행사는 도심에서 16킬로미터 떨어진 한국군 교회에서 열렸습니다. 비록 수줍음이 많은 허버트가 한국인이 아닌 유일한 미국인 아이로 참가했지만 그에게는 가장 중요한 행사였습니다. (허버트는 여러 번 자신의 아마빛 머리털이 자기 친구들처럼 검은색이면 좋겠다고 말한 적이 있습니다.) 예배가 끝나고 허버트는 1년에 몇 번밖에 볼 수 없는 다른 미국인 친구들과 만나 즐거운 시간을 보냈습니다.

한국에서는 모든 어린이들이 주일학교에 가는 것을 좋아합니다. 부디 우리와 이 어린이들을 위해 기도해 주세요. 주일학교를 사랑하는 이 아이들이 평생 예수 그리스도를 사랑하는 법을 배울 수 있도록.

양림동산의 아이들

닥터 카딩턴은 아이들을 자유롭게 키웠다. 무슨 일을 하든지 뒤에서 지켜볼 뿐 참견하지 않았다. 높은 데 올라가 떨어져 팔이 부러져도 또 나무에 오르는 것을 막지 않았다. "조심해야지", 한마디만 했다. 단 한 가지, 하나님을 믿는 일에는 정확하게 기준을 정해 두었다. 주일에 교회에 빠지는 것은 절대 허락하지 않았다.

어느 날 닥터 카딩턴의 집에 광주 근처 부대에서 근무하는 미군이 놀러왔다. 그는 닥터 카딩턴의 다섯째 자녀 루이스에게 말했다.

"루이스, 우리 내일 사냥 같이 갈까?"

그때, 미군들이나 선교사들의 취미는 사냥이 많았다. 어린 루이스는 신이 나서 얼른 대답했다.

"와우, 가고말고요."

옆에 있던 닥터 카딩턴이 말했다.

"안 됩니다. 내일은 주일이라 교회에 가야 합니다."

루이스는 대단히 실망했다. 그러나 그는 아버지의 그 말을 평생 자기 삶의 기준으로 삼았다.

닥터 카딩턴은 병원 일과 전도에 바빴지만, 아이들이 잠자리에 들 땐 반드시 옆에서 다정하게 기도를 해주었다. 가정예배도 드렸는데 어느 땐 하루에 두 번도 드렸다.

카딩턴 집안의 아이들은 선교사의 자녀들뿐 아니라 한국인 아이들과도 잘 어울려 놀았다. 사실 선교부의 의료위원회는 한국의 결핵 발생률이 높다는 이유로 선교사들의 자녀를 한국의 학교와 유치원에 보내는 것을 금지했다. 그러나 굳이 그렇게 하려는 선교사들이 있다면 그 자녀들은 3개월마다 흉부 엑스레이를 찍고 필요하다면 BCG 백신을 맞도록 했다.[3]

그러나 카딩턴 가의 아이들은 거리낌 없이 한국 아이들을 집으로 데려왔고, 그 아이들의 집에 놀러가 밥을 같이 먹었다. 아이스케키에 떡, 엿, 밤빵을 나눠 먹고 연 날리기, 딱지치기, 구슬치기, 쥐불놀이도 하며 동네를 마음대로 돌아다녔다.

카딩턴 원장의 아이들과 천광욱, 장승아, 그리고 선교사들과 관련 있는 일을 하는 집의 자녀들 몇몇은 어릴 적 친구였다. 광욱은 아버지 천기조 장로가 선교부 일을 보았기 때문에 허비, 줄리, 데이비드, 그리고 멧페지(메리 페이지를 아이들이 부르던 이름)와 어린 시절 같이 뛰어놀았다. 허비는 잘생겼고, 줄리와 멧페지는 예뻤고, 데이비드는 남자다웠다. 루이스와 막내 필립은 아직 아기들이었다. 선교사 사택 단지로 들어가려면 수위실과 무거운 철문을 통과해야 했다. 다른 집은 몰라도 허비네 집은 아이들에게도, 거지들에게도 문을 열어 줘야 했다. 만약 수위가 통과시키지 않으면 닥터 카딩턴이 이렇게 말했다.

"우리 집에 오는 손님은 누구나 들여보내세요."

허비네 집 앞 팽나무 위에는 아이들을 위한 작은 오두막이 있었다. 미국에서 오는 화물을 담았던 큰 나무상자를 단단한 팽나무 위에 매달아 아이들이 놀 수 있게 해놓은 것이었다. 그 위에선 동네가 다 내려다보였다. 그때는 그곳이 양림동에서 가장 높은 곳이었다.

언덕 위 윌슨(Dr. Wilson, 우월순) 선교사 집 앞에는 은단풍나무가 있었다. 그 은단풍나무는 윌슨 선교사가 고향에서 종자를 가져다가 심은 거라고 했다. 단풍잎 뒤가 하얗고, 날개가 쌍으로 달린 열매가 떨어질 때 프로펠러가 돌듯 떨어진다고 해서 아이들은 프로펠러 나무라고 불렀다. 그네도 있었다. 언덕 위에 매단 그네를 타고 힘껏 구르면 언덕 아래로 짜릿한 낭떠러지가 발밑에 펼쳐졌다.

선교사들이 사는 양림 뒷동산에는 대밭이 많고 장수하늘소가 날아다녔다. 풍뎅이를 잡아 팽이같이 돌리기도 하고, 시누대라고 불렀던 작고 가는 대나무를 꺾어 활도 만들고 새총도 만들어 놓았다. 호랑가시나무에는 빨간 열매가 달려 크리스마스 때는 이것으로 장식도 했다.

선교사 묘지도 아이들에게는 놀이터였다. 높다란 오웬 선교사 묘비는 올라가 놀기 좋았다. 묘지 근처에는 산딸기가 많았다.

원래 양림동 선교사 사택단지는 애장터였다. 아이들이 죽으면 갖다 묻는 곳이라 여우가 많이 살았다. 땅값이 싸서 이곳을 사택단지로 정했다고 한다. 그 동산에는 호두나무도 많았다.

선교사 사택단지의 쓰레기 태우는 곳도 아이들에게는 보물단지였다. 아이들은 미국에서 온 편지를 주워다가 우표를 살살 떼어내 우표 수집을 했다. 아이들은 닭털 달린 조그만 공을 치는 배드민턴도 처음 보았다. 겨울이면 대나무를 불에 쬐인 후 눈 속에 넣고 굳혀 스키를 만들어 탔다.

허비는 놀다가 배가 고프면 광욱이네 집에 가서 밥을 먹고, 아이들도 허비네 집으로 놀러가 빵이나 비스킷을 먹었다. 허비 어머니 페이지 여사는 아이들에게도 친절했다. 아이들은 페이지 여사가 자기 엄마처럼 알전구를 양말 뒤꿈치에 대고 꿰매고 있는 것을 보고 놀랐다. 선교사들 가운데서 허비네가 가장 가난했다.

광욱은 아버지가 선교부 일도 봤지만, 양림1동 반장도 맡고 있어 초등학교 때부터 아버지 일을 도왔다. 그러면서 "기생충 박멸"이나 "쥐 잡기"같은 공지문을 가지고 선교사들의 집을 자주 드나들어 대충의 사정은 알았다. 허비네에 갈 때마다 그의 집 문 앞에는 구걸하는 사람들이 늘어서 있었다. 허리가 바짝 꼬부라진 어떤 남자는 매일 출근하다시피 했고, 서양식 옷을 잘 입은 어떤 남자는 자신이 미국 대통령 '해리 트루먼'이라며 응접실에 앉아 있곤 했다. 정신이 온전치 않은 사람인데도 허비 아버지는 친절하게 맞아 주었다.

선교사 사택단지는 양림동 높은 곳에 있었다. 물을 대기가 어려워 하루 일정한 시간마다 모터를 돌려 물을 품어 올렸는데, 그 소리가 굉장히 커서 온 동네를 다 흔들었다. 그땐 모두 호롱불을 켰지만, 선교사 사택단지에는 낮에도 전기가 들어왔다. 언덕에 큰 집을 짓고 수위를 두어 아무나 들어갈 수 없었고, 아이들 놀이터도 따로 있었다. 선교사들은 대개 집에 세탁실이 있고 요리사도 두었으며 자동차를 타고 다녔다. 사냥이 취미인 선교사들도 많았다. 그들의 삶은 한국인들과 너무 달랐다.

선교사 사택단지를 따로 두는 이유는 그들을 보호하기 위해서였다. 당시 한국은 전염병이 많았고 치안도 불안했다. 선교사들뿐 아니라 아내와 아이들이 병에 걸려 죽는 일이 많았다. 그리고 외로운 선교지에서 삶에 즐거움과 여유를 줄 취미생활과 그들끼리의 사교도 필요했다. 사실 닥터 카딩턴은 지역 경찰로부터 아무에게나 집을 열어 주지 말아 달라는 부탁을 여러 번 들었다. 선교사 사택단지는 그들이 안전하게 머물 수 있는 공간이었지만, 이것은 한국인들과 교류하는 데 일종의 장벽이 될 수도 있었다. 닥터 카딩턴은 선교부의 지침을 어기지 않으면서도 한국인들과 자유롭게 접촉할 수 있는 길을 택했다.

광욱은 딱 한 집, 허비네는 한국 친구들의 집과 같다고 느꼈다. 허비의 어머니 페이지 여사는 김치, 김, 꽁치 같은 한식을 좋아하고 가야금을 배우기도 했다.

허비는 유진 벨의 집에서 선교사의 아내들이 선생님으로 있는 초등학교를 다니다가, 중학교부터는 대전에 있는 크리스천 아카데미로 갔다. 우정은 그 뒤로 더 이상 이어지지 못했지만, 광욱의 어린 시절의 추억은 양림동산을 같이 뛰놀던 잘 익은 보리빛깔 머리의 허비와 함께 있다.

똥수레 밀어 주는 허비 아버지

승아는 피아노 치길 좋아했다. 그땐 피아노가 귀했다. 교회에도 풍금만 있었다. 피아노를 칠 수 있는 곳은 선교사들의 집이었다. 어떤 아이는 선교사 자녀들의 학교가 있는 유진벨 기념 예배당을 매주 청소한다는 조건으로 그곳에 있는 피아노를 쳤다. 승아는 닥터 카딩턴의 집 피아노로 연습을 했다. 멧페지가 친구이기 때문이었다. 어느 날, 피아노를 치러 갔더니 카딩턴 부부가 집에 있었다. 닥터 카딩턴은 승아에게 말했다.

"찬송가 405장 한번 쳐 보세요."

승아는 피아노에 앉아 찬송가를 쳤다. 부부는 피아노에 맞춰 노래를 불렀다. 페이지 여사는 목소리가 예쁘고 노래를 잘해 찬양대에 서곤 했다.

"나 같은 죄인 살리신 그 은혜 놀라워……"

찬송을 다 부르고 나자 닥터 카딩턴이 정말 놀라운 말을 했다.

"피아노는 치는 사람이 가져야지요. 이제 우리 집에는 피아노 칠 사람이 없습니다. 이 피아노는 승아가 가지세요."

오래된 호프만 업라이트 피아노였다. 승아의 오빠와 남동생들은 그 무거운 것을 그날 어떻게 리어카에 실어 집까지 왔는지 기억나지도 않았다. 그날 밤, 승아는 피아노 다리를 붙들고 잠을 잤다. 혹시 꿈에서 깨어나면 피아노가 사라질지도 모른다고 생각하면서.

승아의 아버지는 제중병원 장치만 전도사였다. 그는 하얀 모자를 쓰고 예배를 인도하고 병실을 돌며 환자들을 위해 기도를 해주었다. 승아의 아버지는 닥터 카딩턴을 가장 존경해 그가 하는 대로 따라 행하려고 애썼다. 거지들을 집에 데려와 재우기도 하고, 얼마 되지 않는 전도사 월급을 털어 결핵 환자들이 모여 사는 곳에 헌금을 했다. 아침에 일어나 보면 부엌에 거지들이 오글오글 모여 자고 있었다. 승아네도 가난해 먹을 것이 없는데 거지들에게 밥을 주고 나면 장 전도사의 부모님과 여섯 아이들은 강냉이 죽으로 끼니를 때웠다. 그러다 보니 아이들 모두가 결핵에 걸리고 말았다.

승아의 어머니는 교육열이 강해 염소를 키워 젖을 짜서 팔아 아이들을 가르쳤다. 승아도 피아노 레슨으로 학비를 벌고 나중에는 피아노 학원을 차렸다. 간혹 피아노는 배우고 싶은데 돈이 없어 학원 앞을 머뭇대는 아이들이 있으면 데려다 무료로 가르쳤다. 백 명에 한 명이라도 피아노가 그 아이의 인생에 도움이 될 것을 믿었다. 승아는 그렇게 하는 것이 가난한 소녀에게 음악의 길을 열어 준 카딩턴 부부의 은혜에 보답하는 길이라고 생각했다.

선교사 사택단지와 제중병원이 있는 큰길은 가파른 오르막길이었다. 이 길로 충장로에서 백운동으로 실어 나르는 똥장군 리어카들이 많이 다녔다. 길이 가팔라 분뇨를 가득 싣고 혼자서 리어카를 끌고 올라가기는 힘이 들었다. 분뇨수레를 미는 사람들끼리 서로 밀어 주거나, 아니면 아이들이나 마음이 좋은 사람들이 손에 똥이 묻을까 봐 길옆 풀을 한줌 뜯어 쥐고 뒤에서 리어카를 밀어 주었다. 그중에는 허비의 아버지, 닥터 카딩턴도 있었다.

어느 이른 봄 새벽이었다. 날이 꽤 쌀쌀했다. 닥터 카딩턴은 양림교회 새벽예배가 끝난 후 집으로 돌아가던 길이었다. 그는 양림교회 협동장로였다. 새벽예배에도 나가고 가끔 대표기도도 했다. 닥터 카딩턴은 허름한 차림의 중년 남자가 힘들게 끌고 올라가는 분뇨 실은 수레를 발견하고 살며시 뒤에서 밀어 주기 시작했다. 분뇨가 출렁대는 리어카를 그는 싱글싱글 웃으며 밀었다. 같이 예배를 드리고 가던 제중병원의 어린 의사 김 선생도 마지못해 같이 밀어야 했다. 그 어린 의사는 당직할 때 닥터 카딩턴이 폐결핵 환자의 입에 직접 인공호흡하는 모습을 보고 놀랐던 사람이다. 그는 도대체 하나님을 잘 믿는 것이 무엇인지 궁금해 새벽예배에 나온 것이었다.

신사복에 코트까지 말끔하게 입은 닥터 카딩턴은 분뇨수레를 밀어 가며 중년 남자와 이런 얘기 저런 얘기를 나누었다. 언덕 꼭대기까지 오르자 그는 가방에서 전도지를 꺼내 수레 주인에게 주면서 말했다.

"선생님, 제가 오늘 선생님을 교회에 초대하겠습니다. 이번 주 예배에 꼭 한번 오십시오."

리어카 끌던 사람이 교회에 나왔는지는 모른다. 하지만 들리는 소문에 의하면 마지못해 닥터 카딩턴 옆에서 같이 리어카를 밀던 그 신앙 없던 어린 의사는 완전히 예수님을 영접해 훗날에 장로가 되었다고 한다.

가장 좋은 특효약

닥터 카딩턴과 가족들은 1959년 7월 1일, 두 번째 안식년을 보내기 위해 미국으로 갔다. 처음으로 배가 아닌 서울에서 비행기를 탄 닥터 카딩턴은 현대 기술의 경이로움 덕분에 한 달씩 걸리던 여정을 사흘 만에 마치고 노스캐롤라이나 윌밍턴 비행장에 내릴 수 있었다.

그들은 먼저 닥터 카딩턴의 홀로 된 어머니를 만나러 갔다. 카딩턴 부부는 남편을 천국에 보낸 어머니를 위로하고 몬트리트에서 열린 국제선교대회에 참석했다. 그들은 선교에 관심이 있는 미국 남부 지역 교회에서 온 젊은이들 앞에서 한국을 소개했다. 청년들 가운데는 제중병원으로 오게 될 존과 샐리 맥브라이드(John and Sally Mcbryde)가 있었다. 존 선교사는 병원의 시급한 문제로 떠오른 행정 일을 전담할 예정이었다.

카딩턴 가족은 미국 남장로교 여선교회가 해외선교사들을 위해 모든 것을 제공하는 조지아 주 미션 헤이븐(Mission Haven)이라는 집에 머물며 많은 지역교회를 방문했다.[4]

1년의 안식년을 마치고 한국으로 오는 길에는 다시 배를 탔다. 그 배에는 각종 화물들이 가득 실려 있었다. 그중에는 한국으로 가는 큰 동물가죽, 면직물, 그리고 지붕 덮개로 쓰는 방수처리 된 루핑이 있었다.

카딩턴 가의 아이들은 광주에 대해 많은 이야기를 했다. 큰아들은 한국 친구들을 위해 '가게'를 열 계획이라고 했다. 허비는 집에 도착해 정말 작은 가게를 열었다. 작은 판 위에 학용품과 몇몇 물건들을 올려놓고 팔았다. 닥터 카딩턴은 이 시도가 허비와 한국 친구들 모두에게 유익이 되었다고 생각했다.

1년 만에 돌아온 제중병원에는 좋은 소식들이 있었다. 특히 미국 의료업계에서조차 잘 알지 못했던 이소니아지드(아이나 - 결핵의 예방과 치료에 쓰이는 항결핵성 항균제)의 효과였다. 이 약의 치료 효과는 1년 넘게 지속되고 있어 앞으로 닥터 카딩턴은 환자들에게 이 치료를 계속할 예정이었다. 그러나 결핵 치료에서 가장 효과적인 방법은 가정에서의 세심한 처치와 화학요법, 병원에서의 요양과 수술, 가정교육을 통합하는 것이었다. 그는 환자의 재활과 일터로의 복귀, 그리고 하나님의 복음이 환자들의 육체까지 고쳐 주시기를 소망했다.

그는 그리스도인들이 어려움을 견디는 "군사"이며, 인내해야 하는

"농부"지만 종종 "어린아이들"이라고 하면서 이렇게 편지에 썼다.

> 우리가 걱정하고 불안해하고 우울하고 약하고 유혹을 받고 또 어떤 상황에 닥치더라도 하나님 아버지의 선하심과 지혜 안에서 매일 믿고 의지하는 것이 어린아이들이 해야 할 일이 아닐까요? 어린아이는 그런 날에 무엇이 가장 좋은 것인지 알지 못하나, 오직 아버지는 아시고 또한 해결하실 수 있습니다. 우리는 믿고 복종하며 다른 사람들에게 이런 삶의 길을 가르쳐야 합니다.[5]

업무에 복귀한 그는 행정 담당관인 존 맥브라이드와 함께 서울에서 열린 기독교세계봉사회 결핵억제프로젝트(Tuberculosis Control Project) 회의에 참석했다. 기독교세계봉사회에서 보내 주는 기증품으로 약 만 명이 넘는 결핵 환자들이 약을 타고, 기독교인 의료진과 간호사들의 보살핌을 받으며 음식을 먹을 수 있었다. 최근 만 번째 결핵 환자로 진단받은 젊은 병사가 병원에 와서 진료를 받고 있었다. 그는 군복무 중이었고 약은 먹었으나 치료를 위한 요양을 받지 못해 병이 낫지 않았다.

존 맥브라이드가 행정을 담당하면서 원시 수준이던 병원 환경이 점차 나아지고 전문 직원들도 보강되었다. 처음 병원을 시작했던 닥터 카딩턴이나 커밍 간호원장은 모두 정식 회계업무를 몰랐다. 맥브라이드 선교사는 그때까지 내려오던 일본식 부기와 자신이 듀크 대학에서 배운 것을 결합시켜 나갔다.[6] 그는 지혜롭게 성급한 변화를 시도하지 않고 기존 직원이 사임한 후에 병원 경영을 재구성해 나갔다. 그의 목표는 병원을 경제적으로 안정시키고, 한국인 직원에게 병원 행정을 훈련시키는 것이었다.[7]

닥터 카딩턴은 다시 무의촌 봉사를 시작했다. 구급차를 타고 험한 도로를 달려 외딴 산골짜기에 있는 마을이었다. 이곳은 의사나 진료소가 전혀 없는 곳이었다. 그들은 한옥을 개조한 작은 교회에서 예배를 드렸다. 사라 배리(Sarah Barry, 배사라) 선교사가 50명 정도 모인 자리에서 말씀을 전했다.

오후부터 마을 사무소에서 진료를 시작했다. 50여 명의 환자들이 왔다. 그들 중 대부분은 얼마 되지 않는 버스비가 없어 광주의 병원에 오고갈 수 없는 환자들이었다. 닥터 카딩턴은 이렇게 짧게 방문하는 것으로는 제대로 할 수 있는 일이 없음을 알았다. 이 외딴 마을에 진짜 필요한 것은 이곳에서 진료를 정기적으로 해줄 신실한 기독교인 의사였다. 혹시 의사가 있다고 해도 의약품이 부족하다는 것도 문제였다.

그는 종종 약품이 떨어져 정말 싫지만, 예수님의 "풍성하고 무궁무진한" 능력은 결코 부족하지 않다고 편지에 썼다. 단지 자신들의 믿음 부족으로 인해 스스로 잘라 낸 것을 제외하고는.

닥터 카딩턴은 하나님 아버지가 주신 수많은 축복 앞에 이렇게 말했다.

"'주가 네게 주신 복을 세어 보아라'는 말은 특효약이 나오는 이 시대에도 여전히 가장 좋은 약입니다."[8]

1960년, 닥터 카딩턴은 한국 보건부로부터 "공중위생 분야에 대한 지대한 공헌"에 대한 표창장을 받았다. 그리고 그의 집에 축복처럼 새로운 아기가 탄생했다. 1960년 8월 13일, 광주에서 태어난 이 아기는 여섯 번째 아이이자 넷째 아들 필립 톨런드(Philip Toland)였다. 아기는 파란 눈에 아름다운 금발을 가지고 있었다. 그리고 잘 웃었다.

선생님, 갈 데 없습니까?

방사선사 배병심 선생은 제중병원으로 3개월 실습을 나왔다. 23세 청년이었다. 닥터 카딩턴이 사용했던 엑스레이 기기는 6.25때 미군 야전병원에서도 쓰던 기종으로 투박하지만 대단히 튼튼했다. 그 기계가 하도 튼튼해서 고장이 나지 않아 회사가 망했다는 소문도 있었다.

배 선생은 그날도 방사선실에서 환자들의 가슴 사진을 찍고 있었다. 갑자기 복도가 소란스러웠다. 닥터 카딩턴의 방에 있던 카메라가 없어졌다고 했다. 항상 방문을 활짝 열어 놓고 있으니 누가 언제 그걸 가져갔는지 아무도 몰랐다. 사람들은 웅성대며 도둑 잡자고 난리인데 닥터 카딩턴은 편안하게 말했다.

"나보다 더 필요한 사람 가져갔습니다. 그러니 조용히 합시다."

소란하던 복도가 다시 조용해졌다.

'이분은 참 너그럽구나.'

배 선생은 괜스레 자신이 고맙고도 미안했다. 이 나라에 와서 헌신하는 선교사의 것마저 훔쳐 가는 사람들이 부끄러웠다.

미국 남장로교 한국 선교 역사(1892-1962)를 책으로 엮은 조지 톰슨 브라운(George Thompson Brown, 부명광) 선교사는 그의 책 『한국 선교 이야기』에서 3년간의 전쟁이 한국 기독교인들에게 끼친 몇 가지 영향 가운데 "윤리적 기준의 하강"을 들었다.

아마도 전쟁 기간에 도덕 기준이 일반적으로 이완되었다는 것은 불가피한 사실이었다. 많은 경우에 미국 군인들은 결코 모범이 되는 도덕적 본을 보이지 않았다. 그리고 한국사람들은 쉽게 미군의 본을 따랐다. 보급품 '빼돌리기'가 전시에 살아남기 위해 일반적으로 용납되었다. 평화 시에도 이런 일들은 계속되어 '얌체' 행위를 했고, 의도된 것들과는 다른 목적으로 돈과 물질을 쓰는 일이 벌어졌다. 하늘을 찌르는 물가고 때문에 어떤 고용자도 빈약한 봉급으로 사는 것이 불가능했다. 수개월 전에는 그것으로 충분했지만 말이다. 먹고사는 문제 때문에 다른 사람에게 의존하지 않으면 안 되었는데 수입을 얻기 위해 체면을 생각하지 않았고 '사바사바' 하는 부당이득이 국가적으로 만연했다. 교회도 이 모든 영향으로부터 예외가 아니었다. 그리고 고위직에서조차 부패가 만연한 것이 전쟁의 가장 비극적 결과 중 하나였다.[9]

닥터 카딩턴은 윤리가 바닥을 친 한국 사회에서 살아가는 가난한 사람들을 이해하고 사랑으로 덮어 주었다. 그러므로 공공연히 돈을 요구하는 환자들에게도, 자신의 것을 훔치는 사람에게도, 거짓말로 구호품을 타 내는 사람에게도 그는 너그러울 수 있었다.

어느 날 밤이었다. 집에서 자고 있던 닥터 카딩턴은 달그락거리는 소리를 듣고 잠에서 깼다. 거실에 나와 보니 도둑이 들어와 있었다. 도둑은 배가 고팠는지 허겁지겁 찬밥을 먹고 있었다. 닥터 카딩턴이 도둑에게 말했다.

"선생님, 갈 데 없습니까? 우리 집에 있으세요."

그 도둑은 두 주간 카딩턴 집에서 살았다.[10]

하나님은 실패하지 않으신다

1960년과 1961년은 한국 국민들에게 격동의 해였다. 1960년 4월에는 이승만 대통령의 부정선거와 독재정치를 규탄하는 학생들의 시위가 벌어졌다. 경찰의 발포로 수많은 사상자가 나고 이승만 대통령은 하야했다. 그러나 정치는 안정되지 않고 1961년 5월 16일, 군사쿠데타가 일어나 박정희 정권이 시작되었다.

정치는 불안했지만 그 가운데서도 병원은 조금씩 발전했다. 하루 평균 100여 명의 환자들이 찾아오고 170개의 병상들은 꽉 찼다. 1961년 3월부터 내과 전공의들의 수련이 시작되었고, 9월에는 전주 예수병원에 있던 외과전문의 닥터 디트릭(Dr. R. B. Dietrick)이 부임했다. 닥터 디트릭은 버지니아 주 출신으로 데이비슨 대학을 졸업하고 펜실베이니아 의대를 나왔다.

닥터 카딩턴은 이렇게 "병원이 바쁘고, 병상은 모두 차 있으며, 직원들은 일을 잘하고, 회계장부가 균형이 맞춰졌을 때, 그리고 새로운 건물들을 지었을 때 하나님의 나라를 위한 사역을 완수해 가고 있다고 여기지만, 인간의 눈에 보이는 성공이 꼭 하나님께도 중요할 것"이라고 생각하지 않았다.[11]

그는 성경에 나오는 많은 극적인 사건들보다 한 마리 잃어버린 양이나 수백만의 사람들 가운데 존재가 희미한 한 소년의 이야기가 하나님의 위대한 사랑을 더욱 드러내 준다고 여겼다.

그는 병원 복도에 쓰러져 갑자기 사망한 한 청년의 이야기를 편지에 썼다.

얼마 전이었습니다. 한 청년이 우리 병원 남자 결핵병동 복도에 쓰러졌습니다. 결핵이 악화되어 생긴 심한 출혈로 그는 갑자기 사망했습니다. 이 케이스는 결핵 치료의 '실패한 사례'입니다. 저는 그 청년을 우리 직원들만큼이나 잘 알고 있습니다. 결핵을 치료하기 위해서는 정기적이고 지속적으로 치료해야 하는데 그 청년은 아무리 설득해도 수년 동안 우리의 말을 듣지 않고 문제를 일으켜 왔습니다.[12]

그 청년은 원래 광주에서 잘사는 집안의 자손이었으나 하나님을 믿지 않는 해체된 가정 출신이었다. 처음에는 넉넉한 집안 덕분에 병원비를 내는 개인 환자였는데, 나중에는 자선혜택을 받는 무료 환자로 전락했다. 그는 퇴원한 후 병원에서 정해 준 규칙대로 휴식을 취하지 않고 부산에 내려가 친구들과 방탕하게 살았다. 그의 결핵은 생명이 얼마 남지 않은 상태까지 서서히 악화되었고 그 청년은 병원으로 다시 돌아오게 되었다.

닥터 카딩턴이 보기에 이 청년은 결핵 치료에 실패한 사례였다. 의사가 처방해 준 기적의 약인 아이나와 파스를 복용하지도 않았고, 가정방문 간호사들이 가르쳐 준 치료 규칙도 듣지 않았다. 병원 전도사가 전하는 복음도 그의 고집 센 본성과 생활로 인해 어떤 영향도 미치지 못한 것처럼 보였다.

아침에 그 청년이 비극적으로 죽었다는 소식을 들었을 때 걱정이 된 나는 병원 전도사를 만나러 갔습니다. 그러나 매우 기쁘게도 나는 그 청년이 병원에 있었던 마지막 짧은 순간에 마침내 탕자처럼 집에 돌아왔고, 예수님에 대한 신뢰를 회복하고 진정한 소망이신 하나님을 믿었다는 소식을 들었습니다.

닥터 카딩턴은 죽은 청년이 자신이 행한 결핵 치료에는 실패했으나 마지막 순간에 회심을 했으니 하나님은 실패하지 않으셨다고 썼다.[13] 탕자가 회개하고 죽었으니 하나님께는 큰 기쁨이 되었을 것이다. 그에게는 영원한 생명을 얻는 전도가 결핵 치료보다 더 중요했다.

제중병원은 미국에서 보내 준 헌금으로 환자 대기실을 만들어 아주 유용하게 사용하고 있었다. 병원 전도사는 병원에서 검사 순서를 기다리는 외래환자들에게 복음을 전했는데, 관심 있는 새 환자들이 너무 많아 일일이 편지를 쓰기가 힘들 정도였다. 하루에 세 명에서 열 명에 이르는 사람들이 성경을 배우고 싶어 했다.[14]

닥터 카딩턴은 날이 점점 추워지는데 많은 아기들과 어린이들이 버려지거나 붐비는 고아원에서 병들고 영양실조에 걸린 채 병원으로 실려 오는 것을 보고 걱정을 많이 했다.

페이지 여사는 오전에 선교사 자녀들을 위한 초등학교에서 5학년과 6학년을 가르쳤다. 학교에는 11명의 학생들이 있는데 그중 4명이 카딩턴네 아이들이었다.

페이지 여사는 교사를 하면서 일주일에 두 번 오후에 병원 직원들의 가족들을 방문했다. 저녁시간에는 의과 대학생들과 하는 영어 성경공부를 인도했다. 그리고 한국인들과 함께 시민음악회와 미군 교회 예배 때 노래를 불렀다. 그녀는 이런 만남을 즐거워했지만 "그들이 앞으로 주님의 이름을 찬미하게 될 것을 믿고 있다는 것"을 더 중요하게 생각했다.[15]

1962년에는 소아과 병동이 건물 옆쪽으로 완공되었다. 닥터 카딩턴은 소아환자들이 전문적인 치료를 받게 된 것을 기뻐했다. 준공일에 미국대사 부인이 방문해 병원을 유명하게 만들었지만, 재정 상태는 최소한의 예산으로 최대한의 일을 해야 하는 노력이 여전히 필요했다.

카딩턴 가의 큰아들 허비는 중학교에 다니기 위해 대전에 있는 크리스천 아카데미로 떠났다. 이 학교는 세계선교부에서 시작한 지 3년이 된 기숙사 학교였다.

허비가 대전으로 떠나기 전 여름, 가족은 바닷가에서 두 주간의 여행을 했다. 그런데 밴을 타고 돌아오는 길에 차가 전복되는 사고를 겪었다. 차는 작은 웅덩이와 구부러진 길에 부딪치고 제방을 넘어가 논바닥에 굴렀다. 하마터면 온 식구가 목이 부러질 뻔했다. 다행히 하나님의 기적과 논바닥의 질척질척한 진흙이 그들을 구해 주었다. 운전을 한 닥터 카딩턴은 늑골에 타박상을 입었고 눈은 검게, 코에는 푸르죽죽하게 멍이 들고, 손가락 피부가 다 벗겨졌다. 지나가던 트럭의 도움으로 차를 바로 세우고 길 위로 끌어올렸다. 다이내믹한 가족여행은 그렇게 끝이 났다.

카딩턴 가의 맏딸 줄리는 제법 숙녀티를 내기 시작했다. 열한 살 줄리는 초코케이크 만드는 법을 배워 아빠를 즐겁게 해주었다. 아직 열 살이 안 된 메리 페이지는 여전히 말괄량이고 좋은 베이비시터였다. 데이비드는 이 집의 곡예사이며 3학년에 열심히 다니고 있었다. 루이스는 1학년 때 배운 것을 아주 자랑스러워하며, 필립은 이 집의 주인노릇을 하는 두 살이 되었다.[16]

5부

나는
내 환자들
못 버립니다

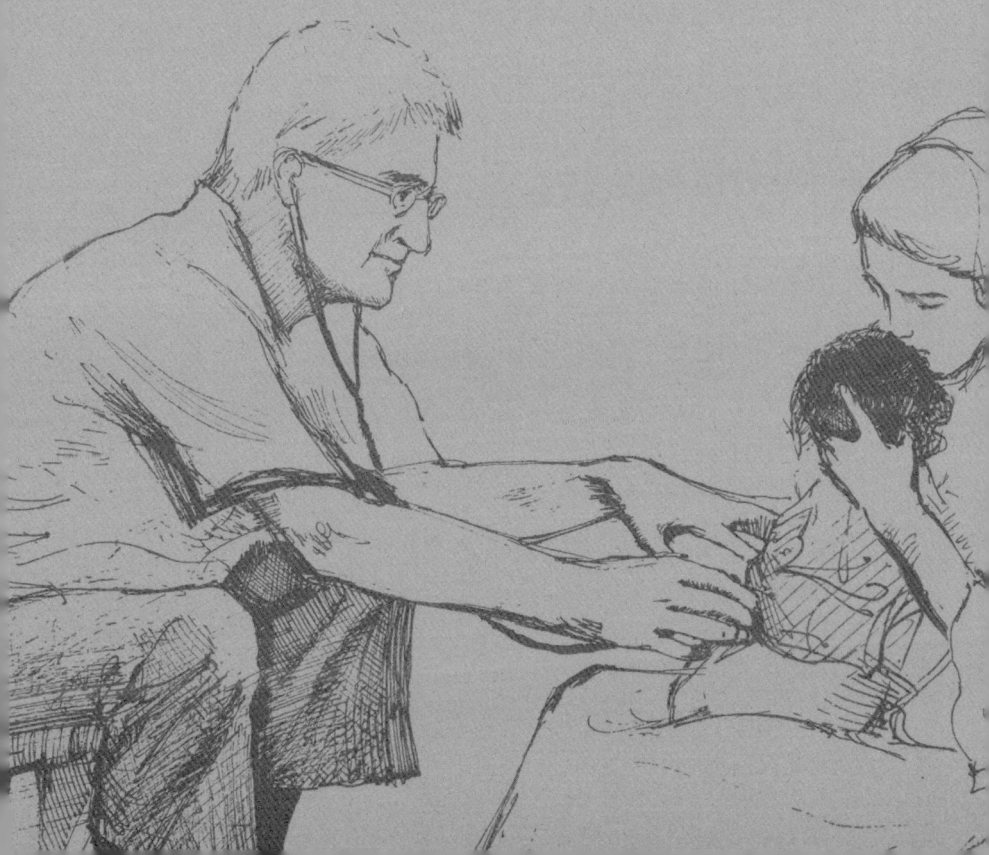

열여덟 살이었다. 정중은 서대문형무소에서 들것에 실려 나왔다. 형집행정지. 고향에 돌아가 죽으라는 교도소의 마지막 배려였다. 소년 폭력범으로 감옥에 있던 그는 온몸이 부어올랐고 피를 토했다. 중증 폐결핵에 관절염, 신장염 합병증이었다.

나주 고향집에서 죽을 날만 기다리며 보름을 누워 있었다. 8월 한여름의 무더위 속에서 죽음은 오락가락했다. 누우면 앉고 싶고 앉아 있으면 견딜 수 없어 다시 누웠다. 그것마저 어머니의 도움을 받아야 했다. 그에겐 죽음 이외에 아무 소망이 없었다.

그의 동네에 한국인 전도부인과 함께 사라 배리 선교사가 전도를 하러 왔다. 그들은 그 많은 집 가운데 '하필' 그의 집 대문 안에 들어섰다.

"계십니까?"

인기척을 듣고 정중의 어머니가 마당으로 나갔다. 그들이 전하는 예수님 믿으라는 소리에 어머니는 그저 인사치레로 대답했다.

"우리 애가 지금 병에 걸려 죽게 되었습니다. 나으면 교회에 나가지요."

그 오가는 말을 방에서 듣고 있으려니 정중은 짜증이 불끈 솟았다. 온몸의 기운을 다 짜내 소리를 질렀다.

"어머니, 그 예수 믿는 놈들 돈 벌어 처먹는 개수작 듣지 말고 어서 들어오시오."

밖이 조용해지더니 방문이 살짝 열렸다. 웬 미국여자가 고개를 디밀어 그를 들여다보고 다시 문을 닫았다. 문밖에서 어머니와 소근대는 소리가 들렸다. 내일 광주제중병원에 한번 데려가자는 말이었다.

다음 날, 약속대로 병원차가 왔다. 정중은 겨우 부축을 받고 그렇게 악담을 퍼붓던 "예수 믿는 놈들"이 보낸 차에 올라탔다.

'혹시 살랑가……' 하고.

닥터 카딩턴은 고개를 저었다.

"집에 돌아가 편안히 있는 게 좋겠습니다."

그를 진찰해 보니 가망이 없다는 말이었다. 두 번째 확실한 사망선고였다. 닥터 카딩턴은 웬만하면 환자를 그대로 돌려보내는 사람이 아니었다. 옆에 있던 사라 배리 선교사가 시골에서 어렵게 병원까지 온 청년이니 며칠 입원을 시켜서 약을 먹여 보자고 했다.

"하나님이 주시는 기적도 있습니다."

닥터 카딩턴도 그를 불쌍히 여기고 입원을 시켰다.

그는 중환자실에서 며칠 지내고 병동으로 옮겼다. 병세는 차도가 없었다. 지하 시체보관실 바로 위, 죽기 직전 환자들이 들어간다는 '저승길목방'이었다.

죽음을 기다리는 시간은 지루했다. 눈을 뜨면 낮이고 또 눈을 뜨면 밤이었다. 어느 날, 그의 귀에 찬송가 소리가 들려왔다. 병원 3층에는 예배당이 있었다. 그 찬송가 소리에 그는 생전 처음 눈물을 흘렸다.

다음 날, 그는 어떻게든 예배당에 한번 가보고 싶었다. 지팡이를 짚고 겨우 복도를 지났는데 눈앞에 층계가 있었다. 그는 한발도 올리지 못하고 주저앉았다.

"교회 가고 싶어요?"

환자 두 사람이 그를 부축해 예배당 맨 뒷자리에 앉혔다. 그는 거의 쓰러질 듯 앉아서 설교를 들었다. 그날은 장치만 전도사가 설교를 했다.

"하나님의 사랑은 공의롭고 긍휼하십니다. 그 사랑은 무한해서 어떤 죄인도 용서받고 새 사람이 될 수 있습니다."

병실에 돌아와 누우니 정중은 자신이 지은 죄밖에는 생각나는 게 없었다. 일자리는 없고, 배가 고파서 주먹을 썼지만 그것도 범죄였다. 죄를 지었으니 하나님의 벌을 받는 게 당연했고, 그의 죄는 중해서 죽음으로 갚아야 할 것 같았다. 그러나 그는 살고 싶었다.

"하나님…… 살려 주시면…… 착하게 살겠습니다."

그의 첫 기도였다.

그는 매일 기다시피 예배당에 올라가 새벽부터 밤까지 엎드려 기도했다. 얼마나 큰소리로 울며 기도를 했는지 간호사들이 와서 제발 조용히 해달라고 말렸다. 다른 환자들이 심란해한다면서. 그렇게 며칠이 지났다. 어느 날, 그의 온몸에서 속에 있는 것들이 다 쏟아져 나왔다.

아침에 회진을 하던 닥터 카딩턴이 정중을 보고 깜짝 놀라며 물었다.

"미스터 김, 내가 주는 약 말고 다른 거 먹은 거 있습니까? 어제 무슨 일 있었습니까? 부기가 많이 빠졌습니다."

그의 병이 낫기 시작한 것이다.

단벌 바지에 하얀 고무신

"이 환자 돈 없습니다. 갈 데 없습니다."

제중병원 소아과를 맡은 젊은 여의사 김기복 선생이 닥터 카딩턴과 함께 일하면서 가장 많이, 그리고 인상적으로 들은 말이다. 닥터 카딩턴은 정말 부지런한 의사였다. 자기의 유익을 위해서가 아니라 환자를 위해서였다. 그는 환자를 진찰하고 엑스레이를 찍고 그 결과를 빨리 판독해서 그날 안에 약을 주어 보내려고 애를 썼다. 시골에서 겨우 여비만 해 가지고 오는 환자들이 늦어지면 차와 배가 끊겼다. 지금이야 엑스레이부터 검사 결과가 금방 나오지만 1960년대는 적어도 하루가 걸렸다. 닥터 카딩턴은 엑스레이를 간접촬영하고 한 시간 내에 뷰 박스를 통해 결과를 보고 처방전을 냈다. 그는 의사의 입장에서 환자를 대하는 것이 아니라 아버지의 마음으로 자식을 돌보듯 했다.

닥터 카딩턴은 새벽부터 밤까지 일했다. 병원으로 출근하기 전 광주역과 거리에 나가 전도지를 돌리고 혹 아픈 사람이 쓰러져 있으면 병원으로 데려왔다. 퇴근 후에는 또 전도지를 가지고 광주공원과 버스 터미널, 윤락가를 다니면서 전도했다. 그는 의사로서 선교를 한 사람이 아니라 선교사로서 의사 일을 한 사람이었다.

김기복 선생은 전남대학교 의과대학을 졸업하고 남편과 함께 독일로 유학을 가서 소아혈액학으로 학위를 받았다. 1963년 4월에 시작된 소아과를 맡기 위해 제중병원으로 왔을 때, 의사는 일곱 명이었다. 닥터 카딩턴이 원장이었고, 닥터 디트릭은 외과과장이었다. 닥터 카딩턴은 그녀가 의대 시절에 결핵특강을 해서 안면이 있었고, 닥터 디트릭은 전주 예수병원에서 인턴으로 일할 때 함께 있었다.

제중병원이 의사들을 교육하는 수련병원이 되기 위해서는 내과, 외과 외에 소아과와 산부인과를 갖춰야 했다. 제중병원이 수련병원이 된다는 것은 중요한 일이었다. 병원의 위상을 높이는 것일 뿐 아니라 한국인 의사들을 많이 배출해 그들에게 병원을 맡기고 선교사들은 떠나야 하는 것이 선교부의 정책이었다. 닥터 디트릭은 그녀에게 소아과를 맡아 달라고 했다.

독일에서 돌아왔을 때 그녀는 둘째 아이를 임신하고 있었다. 만삭의 몸으로 잠깐 인사만 하러 병원에 왔는데 상황이 급한 것을 보고 짐도 풀지 못한 채 그대로 근무를 시작했다.

결핵 환자 가운데는 아기들이 많았다. 마치 좁쌀을 뿌려 확 퍼진 것 같은 속립성결핵과 결핵성뇌막염, 나중에 등이 굽어 척추장애인이 될 수 있는 결핵성척추염 환아들이었다. 한 달 뒤, 진료를 마치고 퇴근을 했는데 진통이 와서 밤에 둘째 아이를 해산했다. 다음 날 이 소식을 들은 닥터 카딩턴이 놀라며 말했다.

"닥터 김, 어제 나와 함께 일했습니다. 어떻게 밤에 아기를 낳습니까?"

한국 여성들이 참 대단하다고 생각했을 것이다.

김 선생의 남편 국영종 선생은 전남대 의대 1회 졸업생인데 1953년 3월에 있었던 제2회 의사국가고시 시험장에서 닥터 카딩턴 옆자리에 앉아 시험을 보았다. 한글을 잘 모르는 닥터 카딩턴이 손을 들면 시험감독이 문제를 영어로 번역해 주었다. 닥터 카딩턴은 시험을 무사히 치르고 한국 의사 자격증을 얻었다.

제중병원에서는 의사와 간호사가 한 팀이 되어 무의촌에 다니면서 봉사활동을 했다. 김기복 선생은 캐나다 출신 간호사 미스 메리언 포프(Marian Pope, 방매륜)와 함께 파상풍 방지 계몽을 다녔다. 그때 아기들이 파상풍에 많이 걸렸다. 집에서 출산할 때 소독 안 된 녹슨 가위나 무쇠 솥뚜껑으로 탯줄을 끊었기 때문이다. 감염된 아기들은 7-10일 후부터 젖도 못 빨고 근육강직이 오면서 호흡기 마비를 일으켜 거의 90퍼센트가 사망했다. 김 선생과 미스 포프는 구하기 쉬운 도루코 면도날을 끓는 물에 소독해 그것으로 탯줄을 끊도록 교육

했다. 그 덕분인지 파상풍에 걸리는 아기들이 줄어들었다.

    3층 결핵병동에서 환자들을 진료하고 나무계단을 오르내리며 다락방에서 예배를 드리던 닥터 카딩턴은 단벌 바지에 흰 고무신을 신고 다녔다. 아마도 고무신 안에는 아내 페이지 여사가 구멍을 꿰매 준 양말을 신고 있었을 것이다.

    미국에서 온 선교사들은 대부분 중산층 이상의 가정에서 자란 사람들이었다. 특히 미국 남장로교 선교부는 선교사의 자격에 일반대학뿐 아니라 신학과 의학 등의 분야에서 전문성을 갖춰야 한다는 조건을 두었다. 이 조건을 채우기 위해서는 공부를 많이 하고 집안이 넉넉해야 했다.[1]

    목포에 처음 왔던 목사이자 의사인 클레멘트 오웬도 버지니아 주의 부유한 집안 출신으로 그 가족은 선교비를 받지 않았다.[2] 사라 배리 선교사도 미시시피 주 부농의 딸이었다. 닥터 카딩턴 역시 외과의사 아버지를 둔 넉넉한 집안이었다. 하지만 그들은 부의 무게가 하나님의 명령 앞에 가벼운 티끌만도 못하다는 것을 알았다. 카딩턴에게 나일론 셔츠와 단벌 바지, 흰 고무신은 부끄러움도 수치도 아닌 그저 옷과 신발일 뿐이었다.

    전쟁과 극심한 가난, 부패, 정치적 혼란 가운데서 하나님의 부르심을 따라 한국에 온 많은 선교사들이 있었다. 누군가는 교회와 학교, 고아원을 세웠고, 누군가는 성심껏 환자를 진료하고, 또 누군가는 병원이나 시설들을 합리적으로 운영하기 위해 애를 썼다. 각자 충성을 다했다면 모두 하나님의 귀한 종들이며 그 상급은 주님이 정하실 일이다. 그럼에도 불구하고 닥터 카딩턴이 한국사람들의 마음에 남아 있는 것은 그가 가장 가난하고, 아프고, 미움받고, 소외된 사람들의 손을 따뜻하게 잡아 주었기 때문일 것이다. 정이 많은 나라에서 그는 오래 기억되었다.

외로운 길 위의 동지들

매일 아침 7시, 제중병원으로 출근하는 동광원 자매들을 기다리고 있는 것은 밤새 환자들이 배설해 놓은 변기들이었다. 산처럼 쌓여 있는 변기들을 가져다가 재래식 변소에 버리고 솔로 깨끗하게 씻어 말렸다. 자매들은 그 일이 힘들거나 더럽다고 생각하지 않았다.

변기를 치우고 나면 환자들의 병상을 정리했다. 담요 네다섯 장을 털고 시트와 베갯잇을 갈았다. 결핵 환자들이 내뱉는 균이 가득 찬 그 공간에서 간호사들과 의사들도 감염이 되었다. 하지만 동광원 자매들은 두려움 없이 일을 했다.

제중병원이 새로 열리고 5-6년이 지난 1956년 즈음이었다. 동광원을 만들고, "맨발의 성자"로 알려진 이현필 선생이 후두결핵에 걸려 제중병원에 입원했다. 원래 이현필 선생은 약이나 병원 치료를 거부하는 사람인데 제자인 김준호 선생을 입원시키기 위해 일부러 들어온 것이었다. 이현필 선생의 병은 위중했다. 속립성결핵으로 결핵균이 혈관을 타고 전신으로 퍼지는 급성결핵이었다. 이 선생은 후두까지 결핵균이 침범해 말도 할 수 없고 음식도 넘길 수 없었다.[3] 김준호 선생은 골결핵 환자였다. 두 사람은 모두 닥터 카딩턴에게 치료를 받았다.

동광원은 원래 여순사건 때 급증한 고아들을 돌보던 고아원으로 1950년 1월, 정식으로 시작되었다. 전쟁 후, 600명 이상의 고아들을 돌봤으나 1954년 정부의 방침에 따라 고아들을 다른 기관으로 보낸 후에는 구제와 봉사를 하는 수도기관이 되었다. 동광원 식구들은 기독교를 믿었고 영성을 중시했다. 독신과, 청빈, 순명의 삶을 살며 채식을 하고 약이나 병원 치료를 받지 않았다. 6.25때 피난 가지 않고 광주에 남아 있던 플로렌스 루트 선교사를 숨겨 준 사람들도 동광원 식구들이었다.

누가 보든 안 보든 정직하게 일하는 그들을 닥터 카딩턴은 신임했다. 그는 동광원 자매들을 훈련시켜 간호보조 업무를 맡기려는 계획을 세웠다. 그들을 교육시킨 다음 무의촌인 함평과 중촌까지 보낼 생각을 했던 것 같다.[4]

동광원 자매들은 교육과 실습을 마치고 결핵병동의 수술실 보조, 청소, 중앙공급실 등에 배치되었다. 5퍼센트 포도당을 만들고, 거즈를 자르고, 주사기와 치료기 세트를 소독했다. 지금은 일회용 주사기를 쓰지만 그때는 주사기를 여러 번 재사용했다. 일일이 주사기를 깨끗이 닦고 주사바늘 막힌 곳을 뚫고 섭씨 121도에서 소독을 했다.

그들은 환자들을 예수님처럼 대하려는 마음을 가졌다. 환자들이 각혈을 해도 피하지 않고 그 피를 치우고 닦아 주었다. 한 움큼씩 약을 먹어도 잘 낫지 않아 절망하는 환자들을 어머니와 누나 같은 마음으로 대해 주었다.

동광원은 결핵 환자들의 요양을 맡고 있던 송등원을 운영했는데, 요양 환자들이 동광원의 엄격한 규율과 채식을 따를 수 없었다. 동광원이 송등원을 맡은 지 1년 만에 송등원은 김준호 선생이 운영하는 무등원과 통합되었다.[5] 건강한 동광원 식구들은 무등원 환자들을 위해 봉사를 했다. 그들은 제중병원 환자들이 먹고 남긴 밥과 반찬, 누룽지 등을 가져다가 환자들을 먹였다. 닥터 카딩턴은 직원들 회식에서도 남긴 음식을 모아서 무등원에 보냈다.

먹을 것이 귀한 시절이었다. 남은 밥 한 덩이도 눈독을 들이는 사람들이 많았다. 간혹 남은 음식들을 자기 집 돼지먹이로 쓰려고 식당 직원이 일부러 구정물에 넣은 일도 있었다. 10킬로미터가 넘는 산길을 걸어 잔반을 가지러 온 무등원의 김은자 마리아는 구정물통 속에 손을 넣어 잔반들을 다 건져 올렸다. 구정물이 뚝뚝 떨어지는 그것을 짊어지고 와서 펄펄 끓여 환자들을 먹였다.[6] 사랑이 없으면 도저히 할 수 없는 일이었다. 그렇게라도 하지 않으면 노동력이 없는 요양 환자들은 살아남을 수 없었다.

　동광원 자매들은 제중병원에서 무료봉사로 일을 시작했는데 1962년부터 1972년 그들이 병원을 그만둘 때까지 닥터 카딩턴은 매달 2만 원의 월급을 그들에게 지급했다. 그들은 그 돈을 한푼도 쓰지 않고 모아 장애인을 위한 시설을 마련하는 데 썼다.

　퇴원 후 갈 데 없는 결핵 환자들을 위해 송등원을 세웠던 오방 최흥종 목사도 닥터 카딩턴의 지지자였다. 그는 몸이 편찮으면 다른 병원 다 두고 닥터 카딩턴에게 가서 진료를 받았다. 한번은 최 목사가 닥터 카딩턴과 함께 차를 타고 가다가 시장 길 옆에서 나물 몇 가지를 조그만 좌판에 올려놓고 파는 아주머니들을 안타깝게 바라보며 말했다.

　"이것이 우리의 현실입니다."

　닥터 카딩턴이 웃으면서 대답했다.

　"예, 저 양반들 열심히 살아서 참 고맙습니다. 다 저한테 오면 마음이 아프겠지요?"

　닥터 카딩턴은 구제의 부담에서 벗어나게 해준 시장의 그 아주머니들에게 감사하다고 말했다.

　최 목사는 서양 선교사들에게도 할 말 다하는 사람이었다. 닥터 카딩턴은 거지와 결핵 환자들에게 무조건적인 사랑과 지원을 베풀어 종종 동료 선교사들의 비난과 눈총을 샀다. 최 목사를 수행하고 다니던 박성보 선생은 최 목사의 큰아들이 전남도청 앞에서 운영하던 양식당 '오두막'에서 닥터 카딩턴을 무시하는 다른 선교사들을 최 목사가 따끔하게 야단치는 광경을 목격했다.

"이제 우리도 예수님 믿을 줄 압니다. 그러니 사람 차별하고 무시하려면 다들 당신 나라로 돌아가세요."

예수님의 말씀대로 소외된 자들을 위해 자신도 소외되었던 닥터 카딩턴, 오방 최흥종 목사, 이현필 선생, 김준호 선생은 외로운 길에서 만난 동지이자 친구였다.

내 아내는 주님의 일에 반대 없습니다

소년범으로 폐결핵에 걸렸던 김정중은 닥터 카딩턴의 치료를 받고 6개월 후 병원에서 퇴원했다. 폐결핵은 낫지 않았지만 신기하게도 관절염과 신장염 등은 완쾌되었다. 그는 신학교에 들어갈 것인가를 두고 고민을 했다. 그를 닥터 카딩턴에게 데리고 갔던 사라 배리 선교사는 그에게 신학교에 갈 것을 권했다.

"당신은 주님의 특별한 은혜를 받았으니 주님의 일을 해보세요."

그는 자신이 없었다.

"저는 그냥 죄인도 아니고 교도소에도 간 진짜 죄인입니다. 그런 제가 어떻게 거룩한 주님의 일을 합니까? 몸에 아직 병도 남아 있고, 공부 놓은 지도 오래되어 다시 시작할 엄두가 안 납니다. 학비를 댈 수도 없습니다."

일단 거절은 했지만 자신처럼 철없는 나이에 죄의 길을 헤매는 청소년들을 돕고 싶은 마음도 한구석에 자리 잡고 있었다. 그는 한번 전능하신 하나님을 믿어 보기로 했다.

'그 무서운 병도 고쳐 주신 분이 주님의 길을 가겠다는 내게 문을 열어 주시지 않겠는가?'

그는 모자란 학력을 채우기 위해 야간고등학교와 고등성경학교에 다녔다. 몸은 병이 들었으나 머리는 좋았던 모양이다. 그는 검정고시에 합격하고 1년 후 광주신학교에 입학했다.

그는 신학교를 다니면서 교회 전도사를 맡아 날개를 단 것처럼 밤낮없이 뛰어다녔다. 하지만 그에게는 하나님의 연단을 받아야 할 혈기들이 아직 남아 있었던가 보다. 그의 몸에 다시 폐결핵이 재발한 것이다.

닥터 카딩턴을 다시 찾아가니 그의 왼쪽 폐가 너무 나쁘다며 입원을 하라고 했다. 그는 거절했다.

"하나님이 살려 주셨는데 절대 이 병으로 저를 죽이시진 않을 겁니다. 저 지금 주님의 일을 위해 신학도 하고 있습니다."

어린 전도사가 열변을 토하는 것을 들으며 닥터 카딩턴은 빙그레 웃으며 말했다.

"예, 신학하고 복음 전하는 거 중요하지요. 그러나 하나님 말씀에 순종하는 거 더 중요합니다."

"제가 순종하지 않은 것이 뭔가요?"

"몸이 약해진 것은 쉬라는 거지요. 건강해야 복음도 전합니다. 지금 하나님이 김 선생 쉬라고 하는 거지요. 순종하세요. 나 따라오세요."

닥터 카딩턴은 앞장서서 원무과로 가더니 자기 주머니에서 돈을 꺼내 정중의 입원비를 냈다.

목표가 정해지면 물불 가리지 않는 정중은 뜨거운 혈기를 가라앉히며 하나님의 다음 명령을 기다리는 법을 배워야 했다.

더 이상 약은 듣지 않았다. 오른쪽 폐는 나았는데, 왼쪽 폐는 상태가 너무 나빠 3분의 2를 들어내는 수술을 받았다. 갈비뼈 여덟 대를 잘라내고 두 번에 걸쳐 상엽과 중엽을 잘라 냈다. 수술 후의 고통은 말로 다 표현할 수 없었다. 그러나 그는 진통제인 모르핀을 거절했다. 만분의 일이라도 예수님의 십자가 고통을 알고 싶었다. 이를 악물고 통증을 참아 냈다. 하나님은 그를 불쌍히 여겨 다시 살려 주셨다.

입원해 있는 동안 닥터 카딩턴은 그에게 병원의 방송 설교를 맡겼다. 병원에서는 아침 6시에 찬송가와 설교 방송이 있었다.

방송을 들은 환우와 직원들이 말씀이 은혜롭다며 그에게 용기를 주었다.

"나 한국말 아직 서툽니다. 매일 똑같은 말 합니다. 듣는 사람들 괴롭지요. 그러니 나 대신 설교해 주세요."

닥터 카딩턴은 자신이 해오던 교도소와 갱생원 설교도 그에게 맡겼다.

그 사이에 정중은 몸이 회복이 되고 신학교 2학년에 복학했다. 교도소, 갱생원, 소년원뿐 아니라 군인교회와 육군병원 등 닥터 카딩턴과 함께하는 사역이 점점 늘어났다. 병원에도 전도사들이 있었지만 그들은 환자들 사역하기에도 바빴다. 아직 신학생인 정중은 학교 수업시간 이외에는 하나님을 전하는 일에 닥터 카딩턴과 함께했다. 그는 이 사역이 앞으로 그의 길이 될 것이라고 생각했다. 닥터 카딩턴은 정중에게 한 가지 제의를 했다.

"김 선생, 우리 집에 방 많습니다. 함께 삽시다."

같이 보내는 시간이 많은데 떨어져 사는 것이 불편하다고 했다. 실제로는 정중의 곤궁한 처지를 돌봐 주고 싶었을 것이다.

"저야 좋지만 사모님이 괜찮아 하실까요?"

"내 아내는 주님의 일에 반대 없습니다."

정중은 그렇게 닥터 카딩턴의 집에 들어가 살게 되었다.

닥터 카딩턴은 아침 일찍 일어났다. 집안 기도실에서 성경을 읽고 기도를 하면서 하루 일을 시작했다. 6시쯤엔 병원을 한 바퀴 돌며 지난밤 사이에 환자들이 무사한지 살펴보았다. 아침식사 전에는 전도 가방을 들고 노방전도를 나갔다. 학생들과 직장인들이 많이 다니는 길거리에 서서 전도지를 나눠 주었다.

"아침에 사람들 출근하고 아이들 학교 갑니다. 이 시간에 가야 그 사람들 만납니다."

그런 다음 집에 돌아와 간단한 아침을 먹고 병원으로 출근하는 것이 닥터 카딩턴의 일상이었다.

정중은 닥터 카딩턴과 함께 섬 전도여행을 떠나기도 했다. 섬에 사는 사람들은 위험한 배를 타기 때문에 미신을 많이 믿고 배타적이라 교회가 들어가기도 힘들었다.

완도 앞 바다에 생일도라는 섬이 있었다. 이 섬에 교회가 없다는 말을 듣고 정중은 방학 때 먼저 가서 부흥회를 인도했다. 어렵게 50명이 넘는 결신자를 냈다. 의사와 함께 가서 진료도 하고 전도도 하면 더 좋을 것 같아 닥터 카딩턴에게 말했더니 흔쾌히 같이 가자고 했다.

광주에서 버스를 타고 장흥 회진항까지 가서 배를 타고 두세 시간을 더 갔다. 3일 동안 낮에는 환자를 진료하고, 밤에는 집회를 가졌다. 닥터 카딩턴이 가지고 있던 환등기로 예수님의 일생, 다니엘 이야기, 요셉 이야기 등을 돌리면 섬사람들이 다 나와 구경했다.

딱 한 가지 곤란한 것이 있었다. 섬의 음식이 모두 비릿한 것뿐이어서 닥터 카딩턴은 잘 먹지 못해 거의 금식을 하다시피 했다. 나중에 구멍가게에서 크라운산도를 발견하곤 그 비스킷으로 끼니를 때웠다. 고생은 했지만 의료선교 덕분에 백 명이 넘게 결신을 했다. 닥터 카딩턴은 이곳에 헌금을 보내 교회를 지어 주었다.

나는 내 환자들 못 버립니다

페이지 여사도 닥터 카딩턴 못지않게 헌신적이었다. 중국 선교사인 부모님 밑에서 자라서 그런지 동양의 문화에 대한 이해가 높고, 누군가를 배려하고 돕는 일에 준비가 되어 있었다. 또 주님의 일이라면 다 받아들였다. 닥터 카딩턴의 월급으로는 두 주일을 못 버텼다. 가족이 먹을 식량도 떨어질 때가 많았다.

닥터 카딩턴 옆에서 여섯 아이들을 길러 가며 오갈 데 없는 결핵 환자들과 윤락가 여성들, 정신이 온전치 않은 사람들, 거지들, 고아들까지 데려와 같이 살면서도 페이지 여사는 늘 미소를 잃지 않았다. 틈틈이 병원 일을 돕고, 직원의 가족들을 방문하고, 수피아 여고에서 영어를 가르치고, 대학생들과 직원들의 영어 성경공부를 인도했다. 닥터 카딩턴이 자신의 모든 것을 바쳐 주님의 일에 헌신할 수 있었던 힘은 아내 페이지의 기도와 도움에서 나왔다.

"우리 원장님 일 많고 기도할 시간 모자랍니다. 내가 집에서 기도 많이 해야 합니다."

어느 날 밖에 나갔던 카딩턴 원장이 급히 집으로 들어오며 페이지 여사에게 물었다.

"먹을 것 없습니까?"

마침 어떤 사람이 원장님 드시라고 소고기 두 근을 사 와 냉장고에 넣어 둔 것이 있었다. 페이지 여사가 그것을 꺼내 주자 카딩턴 원장은 그걸 냉큼 들고 나가 누군가에게 주고 돌아왔다. 집의 요리사가 페이지 여사에게 하소연을 했다.

"사모님, 저녁거리가 없어요. 그걸 주시면 어떻게 해요."

페이지 여사는 아무 일 없었다는 듯이 어깨를 으쓱했다.

"허브가 좋아하는 모습을 보는 게 맛있는 거 먹는 것보다 나는 기쁩니다."

닥터 카딩턴에게는 여섯 명의 자녀가 있었다. 큰아이들은 대전에 있는 기숙사 학교로 가고 집에는 어린 루이스와 필립이 남아 있었다. 정중은 그 아이들의 손을 잡고 산책도 하고 연을 만들어 날리게 해 주었다. 막내 필립은 여섯 살이었는데 정중이 공부를 하고 있으면 살며시 뒤로 다가와 어깨를 꽉 잡고 장난을 걸었다.

정중은 신혼생활도 카딩턴의 집에서 시작했다. 아내가 된 김승님은 자그마하고 참한 아가씨였다. 독신으로 봉사하며 평생을 보내려

했던 신앙심 깊은 그녀가 믿음 좋은 신학생 총각이 있다고 주위에서 하도 권유해서 만난 사람이 김정중 전도사였다. 그녀가 처음 본 정중의 안색은 아직 완쾌되지 않은 병 때문에 노랗고, 몸은 수수깡처럼 말라 있었다. 누가 봐도 곧 죽을 것같이 생겼었다. 승님은 생각했다. 자신은 어차피 혼자 살려고 결심했는데 이 사람을 한번 사랑으로 품어 주고 싶다고. 그녀는 용감하게 병들고 가난한 신학생과 결혼을 했다. 얼마나 오래 같이 살 수 있을지, 아이는 가질 수 있을지는 걱정하지도 않았다. 그런 것은 주님의 소관이었다.

결혼식은 올렸는데 집이 없었다. 닥터 카딩턴은 정중이 쓰던 2층 방에서 부임할 교회로 갈 때까지 신혼생활을 하라고 했다. 정중이 결혼식을 마치고 집에 돌아오자 닥터 카딩턴은 깜짝 놀랐다.

"김 선생, 피로연은 안 합니까?"

그들에게 피로연이나 신혼여행 같은 여유가 없다는 것을 닥터 카딩턴은 알고 있었다.

"친구들 모두 부르세요. 내가 피로연 열어 줍니다."

닥터 카딩턴은 좋은 식당을 잡아 주었다. 그는 정중의 아내가 2층으로 오르내리기가 불편하다고 자신들이 기거하는 1층에 신혼 방을 내주었다.

닥터 카딩턴이 속한 교단과 김정중 전도사가 다니는 신학교의 교단은 달랐다. 어떤 사람들은 왜 그가 남장로교단의 신학생들을 제쳐두고 다른 교단 학생에게 장학금과 생활비, 기거할 곳까지 제공하는

지 모르겠다며 선교부에 항의했다. 닥터 카딩턴은 정중이 불편해 할까 봐 그런 내색조차 하지 않았다. 사실 그는 남장로교단 신학생들에게도 장학금을 주고 있었다. 나중에 그는 이렇게 말했다고 한다.

"나와 일할 사람, 내가 내 돈으로 돕습니다. 무슨 문제 있습니까?"

닥터 카딩턴은 말할 수 없이 선한 사람이었지만 병원을 경영하는 입장에서는 골치 아픈 사람이었다. 병원 예산과 형편을 생각하지 않고 너무 많은 환자들, 그것도 무료 환자들을 입원시켜 병원은 시장바닥 같았다. 재정이 악화되자 직원들이 월급을 걱정할 지경이었다. 어떤 사람들은 카딩턴 원장을 비난했다.

"병원 꼴이 이게 뭐냐? 거지 수용소냐?"

이것을 문제 삼는 이사회에서 닥터 카딩턴은 이렇게 이야기했다.

"목사님들, 예배당 작다고 교인들 버릴 수 있습니까? 나는 내 환자들 못 버립니다."

김정중 전도사는 신학교를 졸업하고 부임할 교회가 정해져 카딩턴의 집을 떠났다. 그는 "나는 내 환자들 못 버립니다"라는 닥터 카딩턴의 말이 "너는 네 교인들 한 명도 버리지 말라"는 주님의 말씀으로 들렸다.

세 번째 안식년

1964년, 병원의 정식 명칭이 '그래함기념결핵요양소(광주제중병원)'에서 '광주기독병원'으로 변경되었다. 미국 남장로교에서 파견된 의료조사위원회는 제중병원을 현대식 종합병원으로 발전시킬 것을 권고했다. 1961년부터 한국 정부가 결핵 환자들에 대한 약물치료를 적극적으로 추진한 결과, 급증하던 결핵 환자 발생률이 조금씩 통제되기 시작했고, 그동안 대도시로 성장한 광주에는 종합병원이 필요했다. 그러나 외과는 상당한 수입을 올리는 데 비해 결핵내과는 여전히 입원비를 낼 수 없는 환자들이 많은 것이 뚜렷한 대조를 보였다.[7]

1965년 7월 말, 카딩턴 부부와 여섯 아이들은 세 번째 안식년을 맞아 미국으로 들어갔다.

광주기독병원은 산부인과와 방사선과가 개설되었고, 개원 15년 만에 인턴-레지던트 교육병원으로 승인을 받았다. 결핵요양소로 시작한 제중병원은 이제 현대적인 종합병원의 모양을 갖춰 가기 시작했다.

8월 21일, 미국에서 발사된 우주비행선 제미니 5호의 비행사들이 우주 궤도에 진입한 지 나흘째 되던 날, 닥터 카딩턴은 우주비행사 쿠퍼와 콘래드의 무사귀환을 기도하며 편지를 썼다.

한국에서 도쿄를 거쳐 시애틀까지 가는 제트비행기를 타고 오면서 현대의 대륙 간 운송의 속도와 편리함에 놀라움을 금치 못했습니다. 우리는 지금 캐롤라이나 해변가에 '재진입'하여 하나님의 바다와 백사장과 햇빛을 즐기며 휴식과 재충전의 시간을 갖고 있습니다. 저는 지금 제 동생 존의 의학도서관에서 치유 과정에 도움이 되는 기후의 중요성에 관해 쓴 1852년 의학문서를 읽었습니다. 정말 우리 의료계 선배들은 에어컨이 나오는 시원한 이곳 공간에선 힘든 걸 다 잊게 된다는 점을 알았던 것 같습니다.[8]

닥터 카딩턴의 남동생 존 보넬 카딩턴(John Bonnell Codington)은 아버지를 이어 외과의사가 되었다. 그는 데이비슨 대학과 메릴랜드 의대를 나왔다. 윌밍턴에서 사는 그는 아버지와 형과 같이 제일장로교회 장로이자 자유로운 의료선교사였다. 자기 병원을 경영하며 틈나는 대로 아이티의 레오간(Leogane)에서 환자들을 돌보고 그 지역 의사들에게 외과술을 가르쳤다.

닥터 카딩턴과 페이지 여사는 4주간 몬트리트에서 지내며 세계선교회의에 참석해 훌륭한 이들의 감동적인 연설을 들었다.

열다섯 살이 된 큰아들 허비는 닥터 카딩턴이 다녔던 뉴하노버 고등학교 2학년에 들어갔다. 이 고등학교는 규모가 꽤 커서 1,100명의 학생들이 다니고 있었다. 허비는 매일 아침 6시 30분부터 8시까지 크로스컨트리 육상훈련을 시작했다. 이 학교 코치는 팀보다는 아이들 한 명 한 명이 얼마나 발전할 수 있는지에 관심이 많았다. 12명의 선수와 함께 뛸 때 처음에는 앞서 이끌다가 처지는 아이들을 격려하기 위해 뒤에서도 달렸다. 닥터 카딩턴은 예수님을 위해 함께 일하는 사람들이 본받아도 좋은 방법이라고 칭찬했다.

줄리, 메리 페이지, 데이비드, 루이스는 닥터 카딩턴의 어머니 집에서 지냈다. 아이들은 근처 그래머 스쿨에 다녔는데 선교사의 자녀들이라 체육시간에 쓰는 수건 비용 2달러만 내고 전액 무료였다.

닥터 카딩턴은 의료자선재단의 사무국장이라는 아주 도전적인 일을 맡기로 했다. 그리고 뉴욕에 가서 기독교세계봉사회 위원들을 만나 한국에서의 결핵억제프로젝트에서 함께 활동하기로 했다.[9] 페이지 여사는 바쁜 남편을 대신해 윌밍턴 노회에 속한 작은 교회들을 방문해 한국에서의 선교 활동을 소개했다.

1년은 금방 지나갔다. 그들은 7월 20일, '오레곤 베어'라는 배를 타고 돌아왔다. 닥터 카딩턴은 베트남 전쟁과 히피 문화, 펩시세대로 불리는 청년 문화로 혼란해진 미국의 복잡다단한 상황을 깊이 통찰

하며 안식년을 마쳤다.

그는 두 권의 책을 읽으며 내면을 단단하게 다졌다. 존 쉐릴이 지은 『성령님을 찾아서(They Speak with Other Tongues)』와 미국 기독교의료협의회에서 구할 수 있는 『치료하는 교회(Healing Church)』라는 책이었다.

> 그리스도를 위해 사는 것은 쉽지 않습니다. 저희는 선교현장에서 많은 문제와 어려움에 부딪칩니다. 그러나 여러분이 매일 직면하고 있는 것보다 더 큰 도전은 없습니다.…… 우리는 사도들의 기도를 반복할 수밖에 없습니다. "믿음으로 말미암아 그리스도께서 (실제로) 너희 마음에 계시게(정착하고, 지키고, 그의 영원한 집을 만들게) 하시옵고"(엡 3:17, 확대역성경).[10]

한국에서의 네 번째 임기는 그에게 쉽지 않아 보였다. 하나님은 그에게 견고한 믿음을 준비시키고 계셨다.

6부

내가 내 양을 알고

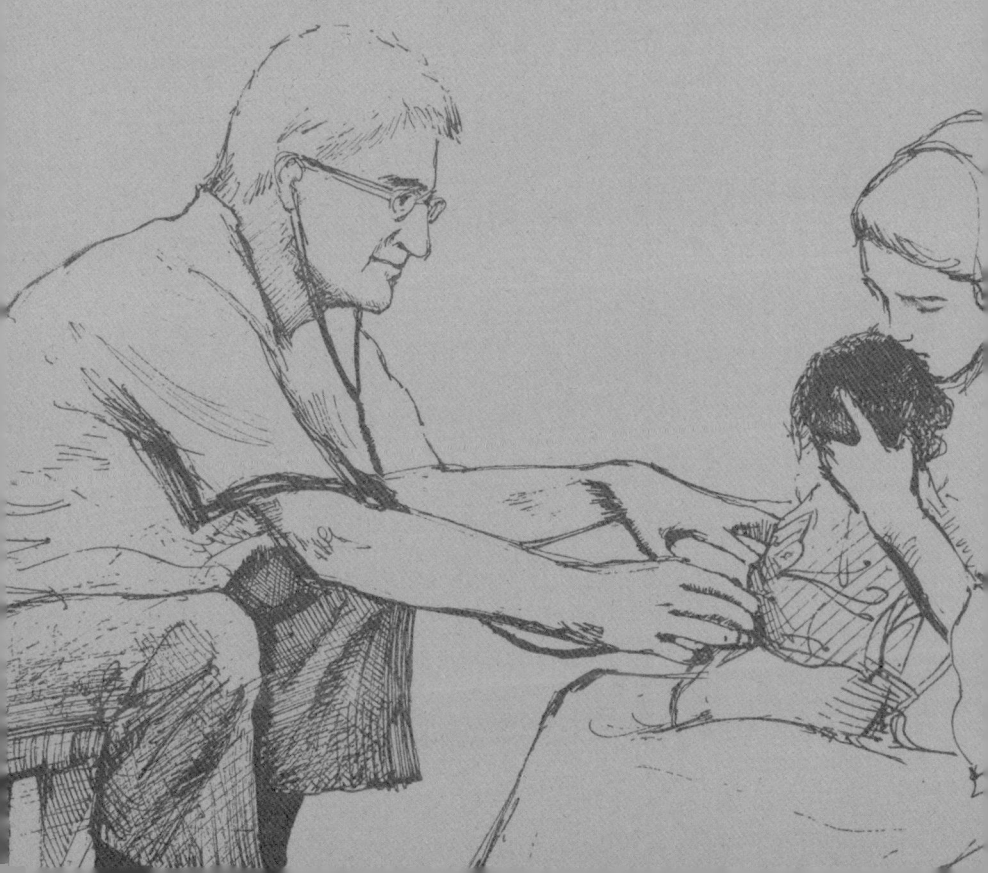

"요번이 내 차례당께."

"담은 나여."

"뭔 소리랑가? 성은 저번에 한번 탔응께 담은 나랑께."

 카딩턴 원장이 회의 차 서울로 출장을 갔다가 밤기차를 타고 광주로 돌아오는 날이면 거지들 사이에서 순번을 정하느라 분분했다. 카딩턴 원장이 송정역에 내려 차를 타고 광주로 오는 길목을 지키고 있다가 일부러 길가에 쓰러져 있는 것이다.

 카딩턴 원장은 그런 거지들을 꼭 자기 차에 태워 집으로 데리고 왔다. 페이지 여사에게 목욕물을 데우라고 해서 깨끗이 씻으라 하고 자기 집에 있는 옷으로 갈아입혔다. 그 다음은 병원으로 데려와 진료를 하고, 돌아갈 땐 정기적으로 옥수수가루와 약을 탈 수 있도록 수속을 밟아 주었다. 그 사람들은 이번에도 순진한 미국 원장을 잘도 속여넘겼다고 우쭐댔다. 광주 사람이면 누구나 그 거지들이 돌아가면서 쇼를 한다는 것을 알았다.

오준길 선생도 이 사실을 여러 차례 카딩턴 원장에게 전했다. 원장의 대답은 늘 같았다.

"예, 나도 압니다."

그들의 행태가 참으로 수치스러웠지만, 카딩턴 원장 밑에서 일하면서 오 선생은 점점 배워 나갔다. 어려운 시절에 그들이 살아남으려면 그럴 수밖에 없다는 것을.

"미스터 오는 그냥 옵니까? 그렇게 길에서 내가 오기만을 기다리는 불쌍한 사람들을?"

오 선생은 카딩턴 원장의 비서로 일했다. 카딩턴 원장이 진료를 볼 때는 한국어가 능숙해서 통역이 따로 필요 없었고, 주로 영문편지 쓰는 일을 했다. 후원자들에게 보내는 감사편지와 후원을 요청하는 편지들이었다. 그는 카딩턴 원장이 녹음기에 녹음한 내용을 듣고 하루에 5-6통의 편지를 썼다. 녹음기는 발로 누르면 녹음이 되고, 떼면 멈추는 그 당시에는 첨단 기계였다.

오 선생은 전남대 영문과를 졸업했다. 잠시 영어 선생으로 있다가 제승병원으로 자리를 옮겼다. 처음 그가 한 일은 병원에 입원했다가 진료비를 내지 못하고 퇴원한 환자들을 찾아가 잔금을 받아오는 일이었다. 몇 개월 동안 그가 받아 온 돈은 얼마 되지 않았다. 버스를 타고 내려 또 몇 십리 걸어 들어가 만난 환자들은 하나같이 사정이 딱했다. 돈을 받아오기는커녕 너무 불쌍해 돈을 보태 주고 싶을 정도였다. 어느 날 카딩턴 원장이 그를 부르더니 자기 비서로 일을 하라고 했다.

한번은 독사에 물린 농부가 병원에 실려 왔다. 병원에는 해독제가 없었다.

"미스터 오, 빨리 일본에 전화해서 약을 구해 오세요."

카딩턴 원장은 다급하게 지시를 했다. 그는 환자를 보면 비용을 생각하는 사람이 아니었다. 구매계 일도 보던 오 선생은 거래하던 회사를 통해 일본 의약품 회사와 급히 연결을 했다. 2-3일 만에 약이 도착했다. 그 시절로는 대단히 빠른 것이었다. 그 약을 맞고 농부는 살아났다.

한여름 수만 명의 예방주사약이 부산항에 들어왔다. 무더위 속에서 약들을 빨리 병원으로 옮겨야 했다. 그 더위에 약이 변질되지 않으려면 냉장차를 이용해야 하지만 그런 차가 있을 리가 없었다.

그는 우선 덩어리 얼음을 잔뜩 사서 광주 상무대의 프로펠러 비행기에 싣고 부산공항으로 갔다. 약은 한 번에 수송할 수 있는 양이 아니었다. 그는 급한 대로 공항에 텐트를 치고 약 위에 얼음을 켜켜이 덮어 놓은 다음 두 차례에 걸쳐 주사약을 광주로 옮겼다. 카딩턴 원장은 일을 지혜롭게 했다고 그를 칭찬했다.

카딩턴 원장은 진심으로 환자들을 위해 살았다. 그가 돈 없는 환자들을 사랑할수록 병원에서의 입지는 좁아져 갔다. 누가 돈이 안 되는 환자들에게 시간과 인력과 장소와 비싼 약을 쓰겠는가? 그것도 적자가 산같이 쌓여 가는 병원에서. 그러나 카딩턴 원장에게 가난한 환자들을 그냥 돌려보내라고 하면 그의 대답은 뻔했다.

"예, 압니다. 하지만 불쌍합니다."

오준길 선생은 답답했다.

'우리 원장님 이제 어떻게 하나.'

우리가 할 일이 그것입니다

"이걸 듣고 받아 써 보세요."

광주기독병원에서 비서를 모집한다는 말을 듣고 신문자 씨는 면접을 보러 갔다. 녹음기를 그녀 귀에 대주고 들리는 대로 타이핑을 하라고 했다. 지금으로 치면 A4 용지 3분의 2 정도의 분량이었다. 면접장에는 카딩턴 원장과 의사, 맥브라이드 행정관, 간호사 등 다섯 명이 있었다.

"여덟 단어만 틀리고 다 맞았네요. 좋습니다."

카딩턴 원장은 다시 물었다.

"예수님 믿습니까?"

그녀는 그때 이미 결혼을 했고, 두 자녀가 있었으며, 남편을 따라 교회에 출석하고 있었다. 면접관들은 그녀가 영어회화에도 능숙한 것을 보고 혹시 그녀가 미군들을 상대로 하는 직업여성은 아닌가,

생각했다가 평범한 가정부인인 것을 알고 안심하는 눈치였다. 신문자 씨는 미군부대에서 사무원으로 10년간 일한 경력이 있었다.

닥터 카딩턴은 한국어를 잘했지만, 미국에서 온 다른 선교사들은 아주 서툴렀다. 언어의 장벽 때문에 매달 있는 책임자 회의나 병원 운영을 협의해야 하는 일에 문제가 많이 발생했다.

신문자 씨가 해야 할 일은 주로 영어와 한글로 회의 자료를 만들고, 후원을 구하는 편지와 구호품을 보내 준 교회들, 화이트 크로스, 개인 후원자들에게 감사편지를 쓰는 것이었다. 기독병원은 가난한 환자들이 많아 후원금 없이는 운영이 어려웠다. 둘째 일은 후원 물품이나 약품이 세관을 통관하기 위한 업무였다. 셋째 일은 그녀에게 참 괴로웠는데, 행정관인 미스터 맥브라이드와 함께 은행에 가서 돈을 빌리는 일이었다. 병원에 적자가 많아 월급이 못 나가거나, 연말이 되면 행정관은 돈을 빌리러 조흥은행에 가고 그녀는 옆에서 통역을 했다. 그녀가 선교사들에게 물었다.

"가난한 사람들만 도우면 병원이 어떻게 운영되겠어요? 우리는 만날 빚만 얻으러 다니나요?"

닥터 카딩턴이나 미스터 맥브라이드는 이렇게 말했다.

"우리가 할 일이 그것입니다. 그런 사람들 도우러 온 것입니다. 우리가 그 일을 해야 하고 또 할 수 있습니다. 그러니 걱정 말고 기도합시다."

하지만 병원 행정을 맡고 있는 미스터 맥브라이드의 얼굴은 그리

밝지 않았다. 약정된 후원금은 바닥나고 있었다. 병원 적자의 가장 큰 원인이 되는 무료 환자들을 줄여 나가려면 원장인 닥터 카딩턴이 물러날 수밖에 없을 것 같았다.

병원 이사회는 닥터 카딩턴이 안식년으로 미국에 가 있는 동안 그 대신 일을 보고 있던 닥터 심슨을 원장으로 선임했다. 카딩턴 원장이 아직 한국에 돌아오지 않은 상태에서 이런 결정을 내리는 것에 찬성하지 않는 사람도 있었다. 하지만 대체로 닥터 카딩턴이 원장이라는 막중한 의무와 병원 운영에서 손을 떼고 결핵내과에만 집중하는 것이 그를 위해서도 좋다는 의견이었다.

닥터 카딩턴은 이번에도 순순히 받아들였다. 목포에서 광주로 임지를 옮겨 결핵 환자를 보라고 하는 결정에도 그는 그대로 따랐었다. 그는 주님의 일이라면 조용히 순종했다.

15년간 원장을 하던 사람이 하루아침에 결핵내과 과장이 되었으니 한국사람들의 정서에는 충격에 가까웠다. 이번 일로 닥터 카딩턴이 한국을 떠나는 것은 아닌가 걱정하기도 했다. 그러나 그는 도리어 편안해 했다.

"예, 환자들 더 많이 보라고 하나님이 주신 기회입니다. 나는 이것이 더 좋습니다."

안식년에서 돌아온 카딩턴의 아이들도 대전의 학교로 돌아갔다. 허비는 이곳에서도 크로스컨트리 육상을 계속했고, 줄리는 학교 신문 〈더 질치(The Zilch)〉의 편집을 맡았다.

    병원은 계속 발전했다. 새 병원 건물도 곧 완공될 예정이었다.

    기독교세계봉사회(CWS) 한국지부 결핵사업부 부장도 함께 맡고 있던 닥터 카딩턴은 관련 업무로 매우 바빴다. 서울에서 처리해야 하는 업무가 많아 출장이 잦았다.

    오준길 선생은 기독교세계봉사회 한국지부가 있는 서울로 옮겨갔다. 그때까지 쓰던 결핵약인 파스와 아이나가 내성이 생겨 치료 효과가 떨어지는데 2차 약은 완제품을 수입할 수 없도록 되어 있었다. 대신 약의 원료를 수입해 우리나라의 한 제약회사에 맡겨 알약으로 만들어 공급했다. 이렇게 만들어진 약을 전국의 15개 기독병원에 무료로 공급하는 일을 했다. 전쟁 후, 결핵왕국이었던 우리나라는 그 오명이 서서히 지워지기 시작했다.

    닥터 카딩턴이 서울에서 돌아오는 길목에는 여전히 순번대로 누워 있는 사람들이 많았다. 그중에는 진짜 환자도 있었다.

    닥터 카딩턴이 차를 타고 가다가 한 젊은 남자가 길가에 의식 없이 누워 있는 것을 보았다. 병원에 데려와 진찰을 해보니 그는 지난 7년 동안 매일 두 차례씩 발작을 일으키는 매우 심각한 악성 간질을 앓고 있었다. 이런 경우, 환자를 그대로 내버려 두면 정신적인 퇴화까지 일어나는 병이다. 닥터 카딩턴은 그를 한 달 동안 다일랜틴이란 약을 하루 세 번 복용시켜 간질 증세가 완전히 없어지게 해주었다.

그 남자의 가족과 친구들은 대단히 놀라워하고 고마워했습니다. 그는 예수님을 믿으면 온전해져서 "새로운 사람"이 된다는 하나님의 말씀에 마음을 열었습니다. 그를 위해 기도하는 것을 기억해 주세요.[1]

재발을 막기 위해 수년간 약을 계속 복용해야 하는 그 남자는 돈이 없었다. 적자투성이의 병원에 또 한 명의 무료 환자가 늘어났다. 하지만 닥터 카딩턴의 말대로 열 명 중 한 사람은 진짜라는 말이 증명되었다.

성직을 수행하는 의사

닥터 카딩턴의 결핵내과에 새 의사가 들어왔다. 박해진 선생이었다. 그는 사실 닥터 카딩턴의 환자였었다.

박 선생이 의대 본과 1학년 때였다. 기침이 그치지 않아 병원에 가니 결핵이라는 판정이 나왔다. 집이 나주에서 한참 들어가는 시골이라 광주에 올라와 혼자 자취를 하다 보니 밥을 많이 굶어 그런지 몸이 약해져 있었다. 의학 지식이 있어 결핵이라고 해도 크게 두렵거나 절망은 하지 않았다. 약을 잘 먹고 잘 쉬면 낫는 병이었다. 그는 전남대 의대를 다녔지만 결핵은 제중병원이 전문이라 닥터 카딩턴에게 진료를 받았다.

박 선생은 학교를 1년 쉬고 집에서 약을 먹으며 요양을 했다. 집에서 병원까지 가는 길이 너무 멀어 아침에 나와 병원에 들렀다 집에 오면 캄캄한 하늘에 별이 반짝였다. 닥터 카딩턴은 환자들이 당일에 진료를 받고 약을 타갈 수 있도록 애썼지만 오가는 길이 너무 힘들어 결국 그가 약을 타다가 자신이 직접 주사를 놨다. 커다란 결핵약을 하루에 스무 알씩 먹는 것은 정말 고역이었다.

그는 몸에 좋다는 개고기나 낙지를 싫어해 먹지 못했다. 하지만 할머니가 주시는 정체 모를 묵 같은 것을 먹었다. 단백질 덩어리라고 하는데 그것이 무엇일지는 상상에 맡긴다.

그는 의대를 졸업하고 인턴과 레지던트를 마친 후 제중병원 내과로 들어와 닥터 카딩턴 밑에서 결핵 환자와 일반내과 환자들을 진료했다.

그땐 결핵 환자들뿐 아니라 장티푸스, 폐농 환자, 간농 환자들이 많았다. 지금은 초음파 검사만 해도 다 보이지만, 당시엔 배가 아파서 온 환자가 담석증인지, 췌장에 문제가 있는지 판단하기가 어려웠다. 협심증이나 관상동맥 환자들도 약이 없고, 수술도 못해 뻔히 알면서도 죽어 가는 환자들을 보는 것이 박 선생은 의사로서 너무 힘들었다. 닥터 카딩턴이 죽을 수밖에 없는 결핵 환자들을 무리하게 입원시키고, 자기 돈을 내가며 치료해 주는 심정이 그는 이해되었다.

이상적인 병원은 깨끗하고 좋은 건물에 첨단 기구들을 갖추고, 실력 있는 의사들이 환자들을 가족처럼 진료하는 곳이다. 그렇게 되려면 많은 돈이 필요하고 진료비가 올라간다. 후원금으로는 한계가 있었다. 가난한 사람에게 무료로 의술을 베풀어야 하고, 또 좋은 병원도 되어야 하는 것은 선교병원들이 맞닥뜨리는 딜레마였다. 그는 점심을 굶어 가며 환자들에게 점심값을 쥐어 주는 닥터 카딩턴의 모습을 보며 안타까워했다.

닥터 카딩턴은 의사라기보다 성직을 수행하고 있었다.

내가 내 양을 알고

1967년은 힘차게 시작되었다. 건축 중인 새 병원도 다음 해 완공될 예정이었다. 이 멋진 현대식 4층 건물은 독일 개신교 중앙개발원 조기구(EZE)와 장로교개발기금(Presbyterian Development Fund)에서 기부한 8만 7천 달러로 짓고 있었다. 완공이 되면 이 건물에는 수도와 전기, 난방 시설이 갖춰지고 병상은 200개가 될 예정이었다.[2]

그러나 닥터 카딩턴 후임으로 원장을 맡고 있던 닥터 심슨이 갑자기 1967년 1월, 사역을 중지하고 호주로 돌아갔다. 후임 원장은 외과의 닥터 디트릭이 이어받았다.

여름이 되면 선교사들은 대천 해수욕장으로 휴가를 갔다. 대천 해수욕장은 경사가 완만하고 조개껍질이 잘게 부서져 모래가 된 넓고 하얀 백사장이 아름다운 곳이었다. 해수욕장 남단, 해송이 우거진 숲 사이에는 선교사를 위한 별장들이 있었다. 카딩턴네 가족도 다른 선교사 가족들과 함께 그곳에서 여름 휴가를 즐겼다.

8월 9일, 병원 일로 닥터 카딩턴은 닥터 디트릭과 함께 먼저 대천을 떠나 광주로 향했다. 아이들은 바다에서 수영을 하며 놀고 있었다. 평화로운 오후였다. 그때, 갑자기 물위로 한 아이의 몸이 떠올랐다. 해변에 있던 인명구조원이 달려가 아이를 건져 올리고 인공호흡을 했다.

메리 페이지는 죽을힘을 다해 숙소에 있는 엄마에게 달려갔다. 물위에 떠오른 아이는 닥터 카딩턴의 막내아들 필립이었다.

닥터 카딩턴과 닥터 디트릭이 군산 근처에 왔을 때 갑자기 경찰이 그들이 탄 차를 멈춰 세웠다. 그리고 빨리 대천으로 다시 돌아가라고 했다. 그 이유는 말해 주지 않았다. 불안한 마음으로 차를 돌려 대천에 도착한 닥터 카딩턴을 처음 맞이한 사람은 둘째 아들 데이비드였다.

"아버지, 필립이 물에 빠져 죽었어요."

사랑스런 막내아들의 시신 앞에서도 닥터 카딩턴은 무너지지 않았다.

"이제 필립은 주님과 함께 있구나!"

하나님에 대한 그의 신뢰는 확고했다.

그날 모든 선교사들과 미국인들 약 백여 명은 저녁 해가 질 무렵 바다가 내려다보이는 소나무 숲 사이에서 짧은 예배를 드렸다.[3]

광주에 있는 닥터 카딩턴의 집에는 여름방학을 맞아 닥터 카딩턴의 장남 허버트와 신학생 김정중이 머물고 있었다. 집으로 광주기독병원 치과의사인 뉴스마 선교사와 루트 선교사가 찾아왔다. 닥터 뉴스마는 병원에 있다가 필립이 익사했다는 전화를 받았다며 위로를 전하고 함께 기도했다.

'이게 무슨 소린가?'

김정중 전도사는 정신없이 울었다. 호기심 많은 장난꾸러기 꼬마의 손을 잡고 산책하던 것이 자꾸 떠올랐다.

저녁 무렵, 카딩턴 가의 온 식구가 눈물이 그렁그렁 맺힌 채 집으로 돌아왔다. 김 전도사는 사람의 말로는 위로할 방법을 찾을 수가 없었다.

"우리 예배드립시다."

그의 말에 카딩턴 가의 식구들이 거실에 둘러앉았다. 그는 이사야 57장 1절과 2절을 읽었다.

"의인이 죽을지라도 마음에 두는 자가 없고 진실한 이들이 거두어 감을 당할지라도 깨닫는 자가 없도다. 의인들은 악한 자들 앞에서 불리어가도다. 그들은 평안에 들어갔나니 바른 길로 가는 자들은 그들의 침상에서 편히 쉬리라."

김 전도사는 아기가 어머니 품안에서 가장 행복한 것처럼 예수님 품안에 안긴 필립은 지금 가장 행복할 것이니 후에 천국에서 다시 만날 소망을 갖자고 말씀을 전했다. 닥터 카딩턴은 큰 위로를 받았다며 고맙다고 했다.

다음 날, 장례식장에는 많은 한국인들과 외국인들로 가득 찼다. 그들은 찬송가 "내 주여 뜻대로"를 부르며 함께 울었다. 영어와 한국어 찬송이 조화롭게 울려 퍼졌다. 한국 간호사들은 너무 울어 눈이 다 퉁퉁 부어올랐다. 그러나 닥터 카딩턴과 페이지 여사는 지극히 평온했다. 눈물도 보이지 않았다. 아들이 천국에 있음을 확신했기 때문이다. 양림동 선교사 묘지에 필립을 묻고 닥터 카딩턴은 모인 조문객들에게 말했다.

"사랑하는 사람을 떠나보낼 때, 그를 데려가는 분을 신뢰할 수 없다면 우리는 몹시 심한 격정에 사로잡힐 것입니다. 우리는 지금 필립을 예수님께 보내고 있습니다. 예수님은 온 사랑으로 아이를 보살펴 주실 것입니다. 그러니 우리는 평안할 수 있습니다."[4]

닥터 카딩턴은 장례식을 마치고 아무 일 없었던 것처럼 진료실로 돌아갔다. 그를 본 병원 직원들이 더 놀랐다.

"오늘은 좀 쉬시지요."

그들의 말에 닥터 카딩턴은 대답했다.

"예, 우리 아기 하늘나라 갔습니다. 저는 제 일을 해야지요."

닥터 카딩턴보다 더 많이 울었던 직원들도 각자 제자리로 돌아가 일을 했다.

선교사 묘지에는 작은 무덤이 새로 생겼다.

필립 T. 카딩턴. 며칠 후면 만 일곱 살이 되는, 선교사 묘지에 묻힌 가장 어린 양이었다.

얼마 후, 닥터 카딩턴은 무등산에서 검은 돌 하나를 가져와 필립의 묘에 올려놓았다. 그 돌에는 영어와 한글로 이렇게 적어 놓았다.

"I AM THE GOOD SHEPHERD.

나는 선한 목자라 내가 내 양을 알고."

필립의 마지막 선물

닥터 카딩턴이 사랑하는 막내아들의 죽음 앞에서 보여 주었던 평온한 모습에 많은 한국사람들이 감동을 받았다.

'왜 하나님을 위해 헌신하는 사람에게 이렇게 큰 슬픔이 닥치는가?' 하고 의아함을 품었던 사람들은 의연한 닥터 카딩턴과 페이지 여사를 보면서 그들에게는 자식의 죽음까지 넘어서는 무엇인가가 있음을 알게 되었다.

보통 한국사람의 장례식에서는 울며 곡을 하고, 더구나 자식이 죽으면 부모가 애통하다가 기절도 했다. 자식이 죽는 것이 얼마나 고통스러운지 참혹한 슬픔이란 뜻을 가진 참척(慘慽)이란 단어까지 있다. 한국인에게 죽음은 세상의 어떤 것도 이겨 낼 수 없는 가장 큰 재앙이요 고통이었다. 그러나 필립의 장례식에는 찬송과 기도와 평강이 넘쳤다. 하나님을 믿는 자들이 갖는 힘이었다.

"예수 믿으면 죽어도 천국 가니 자식이 죽어도 저렇게 담담한가 보네."

필립의 장례식은 천국에 관한 어떤 설교보다 더 큰 울림을 주었다.

장례식 다음 날이었다. 아침 식사를 마친 후 닥터 카딩턴은 김정중 전도사에게 상의를 했다.

"어제 조의금 받은 것이 있는데 어디에 쓰는 것이 좋겠습니까?"

김 전도사는 며칠 전에 방문했던 갱생원 아이들이 생각났다. 길거리에서 생활하는 고아들과 거지아이들을 경찰은 보는 대로 잡아다가 갱생원에 넣었다. 일종의 소년거지 수용소였다. 100명에서 많으면 200명 가까이 수용되어 있는데 참으로 비참했다.

"지난번에 가보니 애들 옷이 형편없어요. 그 애들 옷 한 벌씩 해주면 어떨까요?"

닥터 카딩턴도 좋은 생각이라고 했다. 그는 종종 미국의 어머니가 보내 준 헌금으로 그곳의 굶주린 아이들에게 고기를 사서 먹이기도 했다. 닥터 카딩턴과 김 전도사는 금동시장에 나가 옷을 사서 갱생원 아이들에게 보냈다. 하늘나라로 떠난 필립의 마지막 선물이었다.

후에 닥터 카딩턴은 김 전도사에게 이렇게 말했다.

"필립을 잃고 나서 하나님의 마음을 더 잘 알게 되었습니다. 나는 여섯 아이 중 하나를 잃었는데도 이렇게 가슴 아픈데 예수님은 하나님의 단 한 명의 아들이지 않습니까?"

사람들은 아들을 잃고도 자기 자리로 돌아와 평소처럼 환자를 보는 닥터 카딩턴에게 큰 감동을 받았다. 선교사들에게 자식 문제는 선교 사역의 큰 걸림돌 가운데 하나였다.

닥터 카딩턴에 이어 광주기독병원 원장을 맡고 있던 닥터 심슨이 갑자기 한국 사역을 중단하고 돌아간 것은 사고를 당한 자신의 아이 때문이었다. 다정한 성품의 닥터 심슨은 아이를 미국에 데려가 성형외과수술을 받게 하고 싶었다. 세계선교위원회(BWM)에 요청을 했지만 서울에도 성형외과가 있다는 이유로 거부되었다. 사람들은 이것이 심슨 선교사가 그 직분을 내려놓는 결심을 하게 된 원인 중 하나라고 생각했다.[5]

닥터 카딩턴은 조문을 보내 준 사람들에게 편지를 썼다.

8월 9일, 여섯 살 필립이 대천 해수욕장에서 수영하는 도중 하나님의 부르심을 받은 후 우리가 받은 놀라운 확신을 여러분과 함께 나누고 싶습니다. 진심으로 확실함과 위로와 확신으로 이 세상이 줄 수 없는 평화를 누렸습니다. 이것이 우리의 참되고 진실한 믿음입니다.…… 우리가 매일 예수님의 마음을 가지고 있기를 바랍니다. 저희는 하나님 아버지 우리 주 예수님 안에서 우리 인생의 모든 답을 찾았습니다. 그러나 우리 주위의 수많은 사람들이 아직도 주님의 위로가 필요합니다. 어쩌면 이것이 주님이 원하시는 우리가 해야 할 일일 것입니다.[6]

닥터 카딩턴은 아이를 잃기 전과 똑같이 진료하고 전도했다. 간혹 새벽녘, 필립의 작은 무덤 옆에 조용히 앉아 있는 닥터 카딩턴을 본 사람들은 그리 많지 않았다.

막내아들 필립 T. 카딩턴의 비석
닥터 카딩턴은 무등산에서 검은 돌 하나를 가져와 필립의 묘에 올려놓았다.
그 돌에는 영어와 한글로 이렇게 적어 놓았다.
"I AM THE GOOD SHEPHERD. 나는 선한 목자라 내가 내 양을 알고."

전도지의 또 다른 효과

　병원에서 전화를 받고 필립의 죽음을 전해 주었던 치과의사 닥터 뉴스마(Dick H. Nieusma, Jr. 유수만) 역시 한국사람들의 사랑과 존경을 많이 받은 선교사였다. 그는 선교사로 나오기 전, 미국에서 열렸던 한 회의에서 닥터 카딩턴을 만나 격려를 받고 한국행을 결정했다. 대부분의 남장로교 선교사들이 미국 남부 출신인데, 그는 미중북부 미시건 주 출신으로 미시건 대학에서 치과학을 전공했다.

　닥터 뉴스마는 대학에 다닐 때 나이지리아에서 온 선교사의 간증을 들은 적이 있었다. 그 나이지리아 선교사의 아들이 치통으로 심하게 아팠는데 그 마을에는 치과의사가 없어 트럭을 몰이 일주일 동안 산 넘고 물을 건너 달려갔다고 한다. 치과의사를 만나 치료받은 시간은 단 30분이었다. 닥터 뉴스마는 그날 예배를 드리고 돌아오면서 아내와 함께 하나님의 부르심을 따라 치과의사가 필요한 곳에

가기로 마음먹고 선교지를 위해 기도했다.[7]

그는 우연히 남장로교에서 발행하는 잡지에서 한 광고를 보게 되었다.

"한국 광주에서 일할 치과의사를 구합니다."

그는 일리노이 주 휘튼에서 열린 제1차 의료선교 국제회의에 참석했다. 이 회의의 주 강연자는 빌리 그레이엄 목사의 장인 넬슨 벨 박사였다. 닥터 뉴스마가 선교사로 한국에 가고 싶다고 하자 벨 박사는 마침 그 회의에 참석 중인 닥터 카딩턴을 소개해 주었다.

"저분에게 말씀해 보세요. 당신이 알아야 할 모든 것을 알려 줄 겁니다."

그는 닥터 카딩턴을 만나고 나서 자신의 선교지가 한국임을 확신했다.[8]

사실 그는 이미 한국의 고아 남자아이를 입양해 키우고 있었다. 그 아이를 입양하기 위해 잠깐 왔던 1958년 9월의 한국은 깨진 하수구에서 악취가 퍼졌고 거리에는 누더기를 걸친 아이들이 먼지 구덩이 속에 누워 있었다.

1961년 그와 아내 루스, 아들 바울은 한국에 도착해 언어수업을 받은 후 광주에 내려와 제중병원에 치과를 열었다. 1923년 제중병원에는 치과선교사로 들어왔던 닥터 리비(James K. Levie, 여계남)가 있었다. 그는 남장로교 선교사들이 일제의 신사참배 강요에 모두 철수했던 1940년까지, 그리고 다시 1956년부터 1959년까지 치과를 열어 진료를 했다. 뉴스마 선교사는 닥터 리비가 남겨 놓은 기구들과 훈련된 치기공사, 치위생사와 함께 1963년 치과를 다시 열었다.

그는 치과의사로서 실력이 뛰어났고, 한국어에 능통했으며, 유머가 많았다. 그가 있는 곳에는 항상 유쾌한 웃음이 있었다. 또 그는 환자들에게 친절하고 최선을 다했으며 부드러운 성품으로 후임들을 잘 가르치는 은사가 있었다. 그는 특별히 구강암 수술로 입천장이 뚫린 환자들의 특수 보철치료에도 뛰어났다. 그가 책임을 맡은 치과는 몇 년이 안 되어 재정적으로 안정되고 진료실을 두 개로 확장했다. 닥터 뉴스마는 일주일 후면 죽을 수도 있을 만큼 위독했던 여자 아기를 딸로 입양해 두 아이들을 훌륭하게 키웠다.

닥터 뉴스마의 치과에 1967년, 세 명의 인턴이 들어왔다. 그 가운데 박용세 선생이 있었다. 그는 영어에 능통해 후에 치과 과장보를 지내며 미국인 환자들과 미군 지원병들을 치료했다. 박 선생이 영어에 능통하게 된 데는 한 계기가 있었다.

그가 광주고등학교 3학년 때였다. 광주의 가장 번화한 충장로 우체국 앞에서 닥터 카딩턴이 우편배달부의 것과 같은 큼지막한 가방을 매고 전도지를 나눠 주고 있었다. 그는 별 관심 없이 지나쳤다. 그 날 우연히 만난 친구가 그에게 영어를 배우러 가자고 했다.

"용세야, 너 영어 안 배울라냐?"

"배우고 싶은디 어디서 영어를 배운당가?"

"제중병원 고허번 원장이라고 있는디 그 집에 가면 영어 배울 수 있당께."

"그래야?"

"난 거기 댕기면서 고 원장 부인헌테 영어 배운디."

"넌 어떻게 그 양반을 알게 되었냐?"

"전도지 받고 찾아갔당께."

그렇게 용세도 영어를 배우게 되었다. 닥터 카딩턴이 마구 뿌리는 것 같은 전도지는 나름 열매를 맺고 있었다. 영어도 배우고, 성경도 배우고, 그렇게 예수님 믿는 청년들이 늘어 갔다.

박용세 선생은 자기가 일하는 기독병원의 치과가 정말 좋았다. 아침마다 예배를 드리고 오후면 꾀꼬리 소리와 함께 은은한 풍금 소리에 맞춘 찬송가가 들려왔다. 그것이 마치 아름다운 천국의 삼중주처럼 들리곤 했다. 신앙과 인품이 훌륭한 선교사들 밑에서 선한 영향을 받으면서 많은 사람들이 변화해 갔다. 아무것도 모르던 젊은 의사와 간호사, 직원들이 어느새 성숙한 그리스도인이 되고 교회를 이끌어 갔다.

한국어에 능숙했던 닥터 뉴스마는 외국인을 위한 한국어 동사 활용에 관한 두 권의 책을 냈다. 이 책들은 미국평화봉사단의 교재로 쓰였다.[9] 그는 후에 광주기독병원에서 수련을 마친 치과의사들이 중심이 된 봉사단체 '치과의료선교회'를 설립했다.[10]

모두 다 좋은 뉴스

1968년 2월, 한겨울이었다. 닥터 카딩턴은 신장염에 걸려 병원에 입원했다. 그는 두 주간 침상에 누워 있으면서 치료를 받고 휴식을 취했다. 그는 이 시간이 축복인 것 같다면서 이렇게 농담을 했다.

누워 있는 동안은 사물을 좀 더 균형 잡힌 시각으로 볼 수 있는 시간이었습니다. (병이 축복받은 시간이 되려면) 평범한 일상을 깨뜨리지만, 그래도 독서를 하고 그 책에 대한 평가 정도는 할 수 있는 가벼운 병을 저는 추천하고 싶습니다.
병원을 새 건물로 옮기는 일도 순조롭고 빠르게 진행되고 있어 제가 아무것도 안 하고 누워 있을 수 있는 최상의 시간을 고른 것 같습니다. 우리 병원 내과의사인 닥터 허(허진득)가 내게 은밀하게 말해 주길, 진짜 최고 유일한 치료법은 휴식이라고 합니다. 그래서 저는 온 마음

을 다해 협조하고 있는 중입니다.[11]

지하 2층, 지상 2층의 현대식 4층 새 건물은 4월 봉헌식을 앞두고 있었다. 200개의 병상에 수도, 전기, 난방 시설을 갖춘 최신 건물이었다. 이 건물은 장로교개발기금과 독일 개신교 중앙개발원조기구(EZE)의 지원금으로 지어졌는데, EZE가 다음 해 125만 달러를 더 기부해 신축 건물의 장비를 설치할 수 있게 되었다. 광주기독병원은 종합병원으로 성장했다.

닥터 카딩턴이 병원에 입원 중이라는 소식을 전경애 자매가 들었다. 그녀는 폐결핵 환자로 닥터 카딩턴의 치료를 받은 후 무등원에 있었다. 한겨울이라 채소가 귀한 계절이었다. 경애 자매는 시장에 나가 채소를 한 바구니 사 가지고 닥터 카딩턴의 집으로 향했다.

페이지 여사는 병원에 누워 있는 남편을 위해 금식기도를 하고 있었다. 그녀는 입술이 다 부르터 있었다. 페이지 여사는 경애 자매를 반갑게 맞이하면서도 채소 바구니는 사양했다.

"더 약하고 가난한 사람들에게 주세요."

페이지 여사는 무등원 식구들을 더 생각했다. 그때는 닥터 카딩턴이 원장직에서 물러나 결핵과장으로 있을 때라 무등원에 나가던 지원도 다 끊겨 힘든 시절이었다.

"그냥 저희의 마음을 전하고 싶습니다."

경애 자매가 말하자 페이지 여사는 그녀의 손을 잡고 눈물을 흘렸다.

"너무 사랑 많이 받습니다. 정말 고맙습니다."

채소 한 바구니에 페이지 여사는 그렇게 고마워할 수 없었다.

닥터 카딩턴이 병원에 입원한 것은 막내아들 필립이 하늘나라로 간 몇 달 후였다. 경애 자매도 장례식에 갔었다. 그녀가 울며 페이지 여사를 위로하자 페이지 여사는 이렇게 말했었다.

"이 세상에서 더 큰 죄 안 짓고 천국에 가서 고맙습니다."

두 사람은 눈물 하나 흘리지 않고 평온했다. 그러나 마음속의 슬픔은 남아 몇 달 후 육체의 아픔으로 나타난 것이 아닌지 경애 자매는 생각했다.

닥터 카딩턴은 주님을 향한 믿음과 확신 안에서 진실로 슬픔을 극복했고 평안했다. 그는 선교편지에 오늘날에도 변치 않는 '복음'인 하나님의 말씀과 이에 대항하는 이 세상의 '사건'이 우리에게 얼마나 영향을 끼치는지 한번 재 보았다고 썼다.

여러분이 미국에서 겪는 어려움을 우리는 이곳에서 함께 겪고 있습니다. 베트남 전쟁에 관한 뉴스, 우리의 일과 직장, 인간관계에서 시시때때로 일어나는 개인적인 두려움과 의심, 경제적인 걱정거리, 우리의 육신과 정신의 연약함, 우리 자신의 슬픔과 상실입니다.

……지난 며칠 동안 묵상을 하면서 저는 피할 수 없는 결론에 이르렀습니다. 우리 한 사람 한 사람에 대한 하나님의 계획은 매일, 매순간 완벽하게 이루어져 왔고, 앞으로도 이루어질 것이라는 확신입니다. 이 깨달음은 몇 가지 성경 말씀에 기초합니다.
"주께서 사랑하시는 형제들아……하나님이 처음부터 너희를 택하사", "이를 위하여 우리 복음으로 너희를 부르사", "찬송하리로다 하나님 곧 우리 주 예수 그리스도의 아버지께서", "곧 창세전에 그리스도 안에서 우리를 택하사 우리로 사랑 안에서 그 앞에 거룩하고", "그 기쁘신 뜻대로 우리를 예정하사 예수 그리스도로 말미암아 자기의 아들들이 되게 하셨으니", "우리가……그의 영광의 찬송이 되게 하려 하심이라." 우리의 주제는 승리이며, 모든 어두움과 고난은 "장차 우리에게 나타날 영광과 족히 비교할 수 없다"는 것입니다.[12]

그는 1794년에서 1868년까지 살았던 영국의 광부 출신 설교가 빌리 브레이(Billy Bray)가 우리가 지금 당하고 있는 이런 어려움을 똑같이 겪으면서도 하나님의 복음이 얼마나 좋은지 대화 중에도 수시로 "할렐루야"를 외쳤다고 썼다.

우리가 하나님의 말씀 안에 있는 셀 수 없을 만큼 많은 약속들과 우리에게 벌어진 개인적 혹은 거대한 세상의 문제 사이에서 갈등할 때, 우리가 할 수 있는 것은 빌리 브레이의 믿음과 다니엘의 용맹을 갖는 것이라고 닥터 카딩턴은 강조했다.

"오직 자기의 하나님을 아는 백성은 강하여 용맹을 떨치리라"(단 11:32).

닥터 카딩턴은 한국에 있는 주님의 백성들이 그분이 승리한 것 같이 계속 승리를 외칠 수 있고, 또 병원 재정 상태가 좋아져 도움이 필요한 모든 사람들에게 봉사할 수 있고, 그들이 돈이 없다는 이유로 곤경에 빠지지 않도록 기도해 달라고 다시 한번 부탁했다.

그는 인상적인 글로 편지를 마쳤다.

우리가 모든 것을 하나님의 관점으로 볼 때, 그리스도인에게는 매일 어떤 뉴스가 쏟아지든 간에 모두 다 좋은 뉴스라는 것을 실제로도 알게 되었으면 합니다.[13]

그를 따라간 어린 의사

전남대 의대를 졸업하고 제중병원에 3개월 인턴으로 나갔던 김재창 선생은 그 짧은 기간에 자신의 인생이 180도 바뀔 줄은 꿈에도 몰랐다. 그는 기독교는 알지도 못했지만, 나중에 월급이 많은 미국 선교병원으로 들어가려면 필요할 것 같아 형식적으로 세례를 받았었다.

닥터 카딩턴 밑에서 인턴을 하던 어느 날 밤, 당직을 서다가 목격한 충격적인 장면이 그는 머리에서 지워지지 않았다. 화장실에서 쓰러진 환자의 피와 토사물이 꽉 차 있는 입에 자신의 입을 대고 인공호흡을 하던 닥터 카딩턴의 모습이었다.

'도대체 그분은 어떤 사람인가?'

'그분이 믿는 예수는 정말 어떤 존재일까?'

밤새 고민하다가 그는 다음 날 닥터 카딩턴이 다니는 교회의 새벽예배에 나갔다. 그러다가 그를 따라 냄새 고약한 분뇨수레까지 밀게 되었다.

김 선생은 왜 이런 일들이 자신에게 자꾸 일어나는지 몰랐다. 하지만 닥터 카딩턴 옆에서 분뇨수레를 같이 밀면서 예수님을 믿으면 꽤 괜찮은 인간이 될 수 있을 것 같다는 생각이 들었다. 그리고 이왕 믿으려면 닥터 카딩턴처럼 확실하게 믿어 보리라 결심했다.

김재창 선생은 사랑하는 사람이 있었다. 바로 제중병원 약국에 근무하는 박정덕 선생이었다. 그 아가씨는 조용하고 늘 미소를 지으며 평온했다. 그녀는 기독교 집안의 딸이었다. 닥터 카딩턴에게 영향을 받아서 그런지 김 선생은 예수님 잘 믿는 박 선생이 그렇게 예뻐 보일 수가 없었다.

약제부의 박정덕 약사는 환자들과 맞대면해서 약을 주고 복용법도 일러 주었다. 젊을 때라 그랬는지 감염에 대한 두려움이 없었다. 환자들에게 파스와 아이나를 같이 주었는데 파스는 알약이 아주 컸다. 하루 20알씩 30일을 먹으려면 600알을 주어야 했다. 하나하나 셀 수가 없어 저울에 달아서 노란 봉투에 넣어 주었다.

광주기독병원에는 미국에서 오는 약이 많았다. 큰 드럼통으로 샘플 약들이 왔다. 그 안에는 소화제, 신경안정제, 이뇨제, 영양제, 항생제 등 각종 약들이 들어 있었다. 그 약들은 미국의 의사들이 자기 병원에 있는 약들을 화이트 크로스를 통해 기부한 것이었다. 마구 섞여 있는 약들의 포장을 풀어 일일이 분류해 재포장하는 일은 손이 많이 갔다. 종종 페이지 여사도 병원에 나와 이런 일들을 거들었다. 가끔 그 약들 사이에 깜짝 선물이 들어 있어 사람들을 기쁘게 해주었다.

김재창 선생과 박정덕 약사는 결혼하고 싶었으나 양가의 반대가 극심했다. 정덕의 집에서는 기독교가 아닌 남자를 택했다고 반대했고, 재창의 집에서는 제사를 안 지내는 기독교인 며느리라고 반대했다. 그러나 두 사람은 하나님이 맺어 주신 짝이었다.

김재창 선생이 전공 분야를 정해야 할 때가 왔다. 그는 하나님께 기도했다.

"주님, 닥터 카딩턴처럼 신실한 의사가 되고 싶습니다. 어떤 분야로 제가 가길 원하십니까?"

그는 자신이 은근히 바라는 "외과로 가라"는 응답을 기대했다. 그러나 하나님은 생각지도 않은 길을 보여 주셨다.

"남들이 가지 않는 길을 가라."

김 선생은 외과도 내과도 아닌, 의사들에게 인기가 없었던 엑스선과, 지금의 진단방사선과로 길을 정했다. 닥터 카딩턴이 많은 의사들이 꺼리는 결핵내과를 맡았던 것을 생각했다. 당시 엑스선과는 국내의 미개척 분야였다.

하나님의 연단은 그것으로 끝이 아니었다. 군의관으로 복무하던 중, 베트남전 파병이 결정되었다. 아직 어린 두 아들이 있는 그는 하나님을 원망했다. 그러나 아내는 담대했다.

"여보, 당신이 안 가면 전쟁터 군인들은 누가 살리나요? 염려 말고 가세요. 제가 매일 기도할게요. 하나님께서 지켜 주셔서 무사히 돌아올 거예요."

그는 아내의 기도를 믿고 베트남으로 떠났다.

전쟁터는 하루 생명을 보장하지 못했다. 아침에 웃고 농담하던 병사가 저녁이면 시체로 돌아왔다. 그가 할 수 있는 것은 하나님께 기도하는 것뿐이었다. 처음에는 자신만을 위해 기도했다. 하지만 젊은 병사들의 두려움과 절망을 보고 기도가 바뀌었다.

"이 청년들에게 복음을 전하게 해주세요."

순식간에 삶과 죽음이 갈리는 전쟁터에서 그는 아내가 그에게 용기를 준 것처럼 병사들에게도 그렇게 했다.

"예수님 믿읍시다. 천국의 위로가 있을 것입니다. 살아서 집으로 돌아가면 감사하고 그렇지 않더라도 천국에 가도록 소망을 가집시다."

그의 전도로 많은 병사들이 예수님을 영접하게 되었다. 그는 13개월의 복무를 마치고 집에 무사히 돌아왔다.

그는 여러 병원에 근무하다 영등포에서 진단방사선과를 열었다. 환자에게 친절하고 예의를 갖춘 의사가 되려고 노력했다. 닥터 카딩턴처럼 긍휼한 마음으로 환자를 대하는 의사가 되고 싶었다. 실력도 있고, 무엇보다 전도를 하는 의사가 되게 해달라고 기도했다.

그는 암환자가 오면 이렇게 말했다.

"전능한 주님은 못 고치실 질병이 없습니다. 하나님은 사랑하는 자녀들을 병을 통해 연단하십니다. 기도를 열심히 하면 기적이 일어납니다."

실제로 그가 목격한 기적은 무수히 많았다.

하루는 암환자인 한 중년 신사에게 이렇게 열변을 토하고 조용히 권유를 했다.

"그러니 선생님도 예수님을 믿으시지요."

그 신사가 웃으며 대답했다.

"저는 목사입니다."

김재창 원장이 얼굴이 붉어지며 당황하자 그는 진지하게 말했다.

"제가 은혜를 받았습니다."

김재창 선생은 닥터 카딩턴이 걸은 길을 꾸준히 따라갔다. 가난한 환자들, 말기암 환자들에게 최선을 다했다. 그리고 자기만 알던 어린 의사를 예수님 앞으로 인도해 준 닥터 카딩턴처럼 진료실에서 전도를 계속했다. 때를 얻든지 못 얻든지.[14]

7부

고허번 원장을 만나야겠습니다

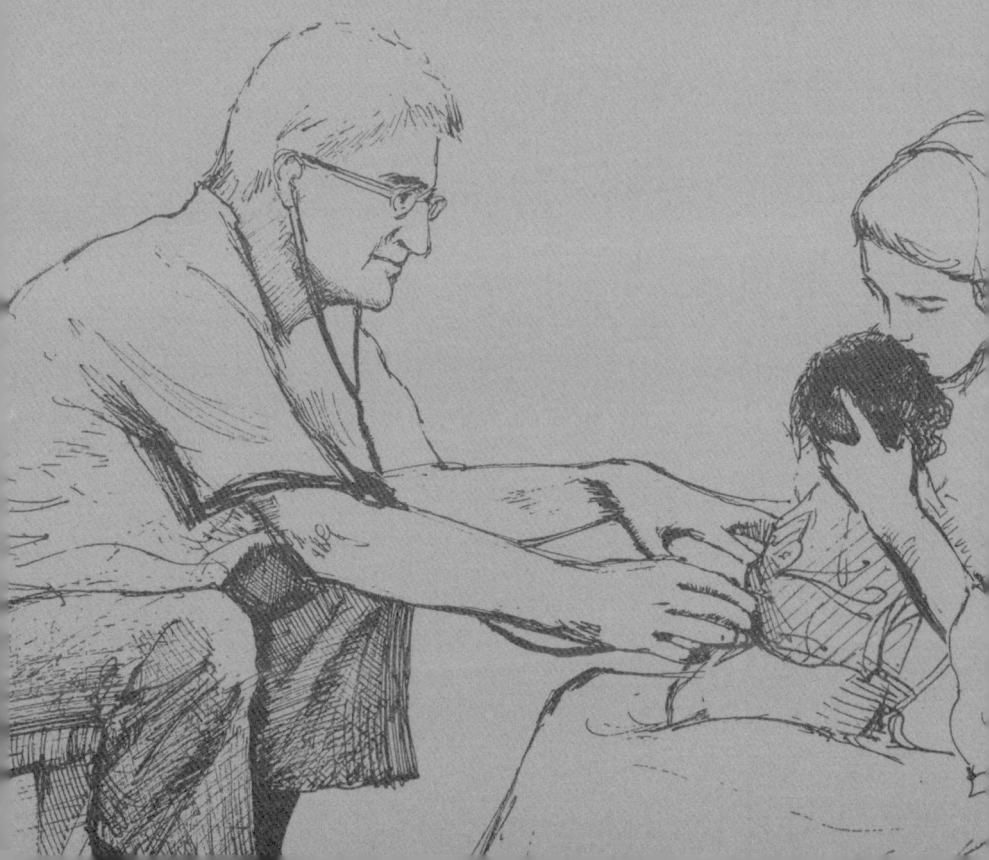

1971년 1월 중순, 광나루에 있던 장로회신학대학의 입학시험 날이었다. 오전에 학과시험을 마치고 오후에는 전체 교수들이 있는 자리에서 면접시험을 치렀다. 대전대학교(현 한남대학교)를 졸업한 스물일곱 살 정성균이 면접 고사장에 들어섰다. 그는 키가 크고 마른 체격에 눈이 반짝였다. 교수 중 하나가 그에게 물었다.

"정 군은 신학을 마친 후 목사가 되면 어떤 목회를 하고 싶습니까?"

그는 망설일 필요가 없었다. 그의 꿈은 중학교 때부터 한곳을 향하고 있었다.

"저는 선교사가 되려고 합니다. 우리 민족도 이제 복음의 빚을 갚아야 한다고 생각합니다."

교수들은 "와" 하고 웃음을 터뜨렸다. 아마도 해외선교를 지망하는 사람들이 아주 없던 때여서 신기하기도 했겠고, 신학교에 들어오려는 어린 학생이 당돌하다고 생각했을지도 모른다.

"그럼 어느 나라에 가서 선교를 하고 싶습니까?"

다른 교수가 물었다. 그 대답 역시 이미 준비되어 있었다.

"예, 가능하면 이 세상에서 가장 가난한 나라에 가서 복음을 전하고 싶습니다. 저는 어려서부터 가난하게 자랐습니다. 예수님을 믿지 않았다면 대학 문턱도 넘을 수 없었던 사람인데 너무나 많은 그리스도인들에게 사랑의 빚을 졌습니다. 이 빚을 가난한 나라에 가서 갚으려고 합니다."

그는 장로회신학대학에 합격했다.

성균은 1944년, 전라남도 고흥군 거금도에서 태어났다. 초등학교 5학년 때 아버지는 사업 실패로 스스로 목숨을 끊었다. 홀로 된 어머니와 형, 누이동생과 여수로 옮겨 왔으나 그는 중학교도 갈 수 없을 정도로 가난했다. 여느 섬사람들처럼 미신을 믿던 어머니는 전도를 받아 어린 성균과 함께 교회에 나갔다.

그가 중학교 3학년 때 받은 주일학교 공과 책에 해외선교에 대한 내용이 실려 있었다. 히말라야 산맥 중턱에 있는 네팔이란 나라를 소개하는 글이었다. 이 이야기가 그의 마음을 흔들었다.

'이런 나라에 가서 복음을 전하면 좋겠다. 섬에서 태어나 예수님을

모르던 내가 이렇게 믿게 된 것처럼 그들에게도 예수님을 전하면 얼마나 좋을까?'

그는 신학교에 다니면서 계속 선교사로 나갈 곳을 알아보았으나 경제적 기반도 후원자도 없는 그에게 길이 열리지 않았다. 그때만 해도 한국교회는 해외선교에 관심이 거의 없었다. 어떤 목사는 그에게 이렇게 진지하게 충고했다.

"해외선교는 자네가 안 해도 하나님께서 알아서 다 하시네."

어느 날 장신대를 같이 다니던 김병철 전도사가 닥터 카딩턴을 아느냐고 그에게 물었다.

"남장로교 선교사로 광주기독병원 원장까지 하던 분인데 이번에 선교지를 세계에서 가장 비참한 방글라데시로 옮기려고 총회 선교부에 청원 중이서. 같이 나갈 한국인 선교 동역자를 찾고 계신데 정 형이 생각나서."

성균은 눈이 번쩍 뜨였다. 그는 졸업을 앞두고 전혀 보이지 않는 선교지를 두고 연일 뜨겁게 기도하고 있었다.

1973년 11월 늦은 가을 오후, 성균은 닥터 카딩턴의 집을 찾아갔다. 카딩턴 부부가 문 앞까지 나와 그를 맞아 주었다. 응접실 소파로 그를 안내한 닥터 카딩턴은 기도부터 했다.

"귀한 손님을 보내 주셔서 감사합니다. 하나님 뜻이라면 정 선교사 가족이 저와 함께 방글라데시에 가서 선교할 수 있도록 도와주세요."

하나님께서 한 번도 생각지 못했던 방글라데시로 성균의 임지를 정해 주시는 순간이었다.[1]

그 사람은 내 친구여

닥터 카딩턴이 방글라데시에 관심을 가진 것은 대략 1969년 즈음부터다. 주위 사람들에게 홍수와 전쟁으로 죽어 가는 방글라데시 난민의 비참한 사진들을 보여 주며 가슴 아파했다. 그때부터 닥터 카딩턴의 마음에는 자신을 더 필요로 하는 곳으로 임지를 옮길 생각이 조금씩 싹트고 있었다.

광주기독병원은 종합병원으로 규모가 커졌다. 디트릭 원장의 주도 아래 적자를 줄이기 위한 노력도 조금씩 성과가 있었다. 1969년 이후 병원은 비용 절감을 위해 무료 침상은 34개로 줄이고, 하루 3달러로 비용을 제한했다. 그밖에 비누, 컵, 환자용 그릇, 환자복, 침구류 등도 단단히 통제하고, 꼭 필요한 비용만 썼다. 그래도 가난한 환자들을 위한 무료 침상과 무료 진료는 유지하려고 노력했다. 적자는 대폭 줄어 갔다.[2]

최평웅 선생은 대학 시절 제중병원 행정관인 맥브라이드 선교사의 한국어 선생이었다. 학교를 졸업하고 제중병원에 들어온 그도 닥터 카딩턴 때문에 환자들에게 곤욕을 치른 사람들 중 하나다. 닥터 카딩턴은 의사로서는 더 말할 나위 없이 선하고 그 사랑은 지극했다. 그러나 행정에는 더없이 어두웠다. 심지어 구제할 때 행정 절차에 대해 이야기하면 아주 싫어했다.

미국에서 온 약들은 병원에서 분류하고 우선 장부에 기록한 다음 순차적으로 환자들에게 내주어야 하는데 그 시간도 참지 못했다. 자신이 가진 마스터키로 약품 창고를 열고 무조건 약을 가지고 나가 가난한 사람들에게 나눠 주었다. 최 선생이 난감해 하면 이렇게 대답했다.

"예, 압니다, 미스터 최. 병원이 환자를 위해 있어야 합니다. 환자가 먼저지 병원이 먼저 아닙니다."

한번은 환자가 구호품을 받으러 왔다가 그날 지급할 물건이 다 떨어져 못 주겠다고 하자 당장 최 선생의 멱살을 쥐고 흔들었다.

"고 원장이 주라했는디 니 놈이 먼디 안 주냐?"

최 선생이 닥터 카딩턴에게 갔더니 그는 웃으며 잠언 3장 27-28절을 펴서 읽으라고 했다.

"네 손이 선을 베풀 힘이 있거든 마땅히 받을 자에게 베풀기를 아끼지 말며 네게 있거든 이웃에게 이르기를 갔다가 다시 오라 내일 주겠노라 하지 말며."

말씀은 맞지만 인간 사회에는 절차라는 것이 있다. 직원으로서 이것을 지켜야 하는 최 선생은 죽을 지경이었다.

닥터 카딩턴은 틈이 나면 후원자들에게 편지를 썼다. 개인이 보내 주는 아주 적은 헌금과 작은 반창고 몇 개도 사진을 찍고 고맙게 잘 썼다는 답장을 보냈다. 사실 그 조그만 것을 받고 사진 찍고 해외 우편으로 보내려면 시간과 비용이 더 들었다. 하지만 닥터 카딩턴은 감사를 표하는 일에는 아주 철저했다.

"작은 것에 감사해야 하나님께서 큰 것으로 갚아 주십니다."

실제로 반창고 몇 개를 보내 주던 후원자가 점점 더 큰 기부금을 보내 주었다.

닥터 카딩턴은 안식년으로 미국에 갔어도 쉬지 않고 모금을 위해 애썼다. 돌아올 땐 의료장비부터 많은 구호품, 구호기금을 확보해 왔다. 그가 안식년을 마치고 돌아오는 날이면 광주역에 그가 오기를 1년 동안 눈이 빠지게 기다린 수많은 거지들이 나와 마치 자기 아버지가 온 것처럼 열렬하게 환영을 했다.

닥터 카딩턴은 회진 전에 복도에 모여 기도부터 했다. 매일 업무 전에 드리는 직원예배에서는 기도제목을 서로 나누었다.

"어제 수술 받은 환자가 열이 높습니다. 여러분 기도해 주세요."

의사들은 자기 환자들을 위해 기도를 부탁했다. 직원들도 자기 일처럼 기도해 주었고 놀라운 일들도 많이 일어났다. 그때 병원 예배실은 초라하고 겨울에는 춥고 여름에는 찜통처럼 더웠다. 그러나 최

평웅 선생의 마음에는 그것이 기독병원의 가장 아름다운 장면으로 기억되고 있다.

종종 닥터 카딩턴은 병원에 돈이 없어 직원들 월급이 걱정된다며 기도를 부탁했다. 참으로 신기한 것은 하나님의 공급하심으로 매달 제날에 월급이 나갔다는 것이다.

가을이면 수피아 여고에서 김장을 했다. 겨우내 환자들이 먹을 양이 어마어마했다. 선교사 부인들도 나와 일손을 보탰다. 마치 가을 축제와 같았다. 크리스마스에는 수피아 여고 강당에서 크리스마스 예배를 드리고 각 부서마다 연극도 하고 노래도 불렀다. 선교사들도 "노란 샤쓰 입은 사나이" 같은 유행가를 불러 흥을 돋웠다. 페이지 여사는 노래를 잘 불렀다.

닥터 카딩턴이 검소하다는 것은 유명하다. 안식년을 맞아 미국에 들어갈 때 비행기를 탈 경우, 50퍼센트 싸게 해주는 선교사 할인을 받았다. 그 표는 예약된 손님들이 다 타고 좌석이 남을 때까지 기다렸다가 이륙하기 30-40분 전에야 탈 수 있었다. 짐을 싸서 김포공항에 나가 기다리다가 여유 좌석이 없으면 다시 돌아와야 했다. 미국으로 입양되어 가는 아기를 데리고 타면 무료표가 제공되었다. 우유도 먹이고, 기저귀도 갈고, 우는 아기를 달래 가며 미국까지 가는 길은 그리 편하지 않았다. 그렇게 아낀 돈으로 그는 구제도 하고 장학금도 주었다. 장학금을 줄 때도 달랑 학비만 지원하는 것이 아니라 책값부터 졸업 앨범비까지 학업에 필요한 일체의 비용을 주었다.

닥터 카딩턴은 가난한 사람들을 무료로 치료해 주는 비영리 구제 병원을 원했던 것 같다. 그러기 위해서는 병원 규모도 작고 전적으로 기부금에 의존해야 했다. 하지만 우리나라가 점점 경제적으로 발전하게 되자 많은 구호기금들이 더 가난한 나라들로 옮겨 갔다. 광주기독병원도 결핵 환자 이외의 다른 병에 걸린 환자들을 위해 종합병원으로 변화해야 했다. 이 시점에서 닥터 카딩턴과 이사회의 지향점이 달랐다. 닥터 카딩턴에 이어 원장을 맡은 닥터 디트릭은 이 노선을 따랐다. 닥터 카딩턴이 자애로운 어머니 같았다면, 닥터 디트릭은 엄격한 교육자였다. 닥터 디트릭은 늘 강조했다. "의사가 아무리 예배 많이 하고 기도 오래해도 환자 오진하면 안 됩니다. 의사는 정확한 진단으로 환자를 도와야 합니다."

닥터 카딩턴이 선교를 중시한 의사라면, 닥터 디트릭은 의사라는 직업을 중시한 선교사였다. 환자들은 닥터 카딩턴에게 하듯 그에게도 점심값을 달라고 했다. 닥터 디트릭은 자신이 입고 있는 수술복에는 호주머니가 없다며 딱 거절했다. 그렇다고 그가 인정 없는 선교사는 아니었다. 환자들을 아꼈고, 정말 어려운 사람에게는 손수레를 사주어 생업을 삼게 해주었다. 하다못해 나무라도 해서 집으로 가져와야 돈을 주었다. 가난한 사람들을 구제하는 방법은 달랐지만 두 사람 모두 하나님의 훌륭한 선교사였다.

주님은 두 사람을 따로 세워 주는 길을 택하셨다. 닥터 카딩턴은 더 가난한 나라인 방글라데시로 떠났고, 닥터 디트릭은 한국에 남아 병원을 발전시켰다. 닥터 디트릭은 1976년 한국의 허진득 박사에게 원장 자리를 넘기고 자신은 외과의로 있다가 1985년 미국으로 돌아갔다. 그는 미국에서 소천했지만 후에 그의 유해는 양림동 선교사 묘지로 이장되었다.

닥터 카딩턴의 집은 누구에게나 열려 있었다. 선교사 사택단지는 수위들이 지켰지만 걸인들은 당당하게 말하고 들어갔다.

"내가 고 원장 친구여."

정말 어려움에 처한 사람들은 누구에게 도움을 청할까 고민하다가 마지막에 결론을 내렸다.

"일단 고 원장한테 가 볼라네. 무슨 수가 나겠지."

닥터 카딩턴은 어떤 요구도 거절하지 않고 도움이 될 무슨 방법이라도 만들어 냈다. 사람들은 그에게 다가가는 것을 참 편하게 여겼다. 광주에 많은 선교사들이 있었지만, 거지들이 "내 친구여"라고 말하는 선교사는 아마도 닥터 카딩턴뿐이었을 것이다.

우리는 또 다른 거지일 뿐

우리 병원이 기독교 의료사역을 위해 큰 도전을 하고 있다고 믿고 있지만, 비용 상승에 직면하여 정말 가난한 사람들을 치료해 주기 위한 의료 서비스에 어려움이 너무 많아 걱정됩니다. 부디 어떤 방법으로든 가장 소외된 사람들을 위한 의료사역이 계속되고, 병원 직원들이 매일 예수 그리스도를 위해 살면서 주님을 증거할 수 있도록 기도해 주세요.[3]

병원이 발전할수록 가난한 사람들이 마음놓고 그곳에 갈 수 없다는 것이 닥터 카딩턴에게는 고통이었다. 그의 결핵사업에 닥친 또 한 가지 큰 문제는 스트렙토마이신과 파스, 아이나와 같은 1차 약으로 치료가 실패했을 때 처방하는 2차 결핵의약품 수입에 한국 정부가 관세를 매기는 것이었다. 그는 관세를 없애기 위해 재무부를 설득하느라 애썼다. 그 와중에 닥터 카딩턴의 결핵내과로 한국 정부 병원에서 치료에 실패한 결핵 환자들이 이송되어 왔다. 그의 새로운 과제는 2차 결핵을 위한 새로운 약품을 저렴하게 제공하고 이에 따른 치료과정을 계획하는 것이었다.[4]

그가 지속적으로 관심을 갖고 있던 것은 지역사회 보건간호였다. 병원에 입원하지 않고 집에서 요양하는 환자들과, 퇴원 후 집에 있는 환자들을 전문보건 간호사들이 방문해서 관리하는 일은 운영이 잘 되면 비용이 적게 들고 환자들도 편했다. 1964년 캐나다 출신 보건간호사 메리언 선교사가 이 활동을 시작했으며, 1967년도부터 같은 캐나다 출신 스토리 선교사가 함께 사역했다.

미스 스토리(M. Storye, 서미혜) 선교사는 광주기독병원의 보건간호사로 일하며 결핵 환자들과 신생아 예방접종 업무를 했다. 닥터 카딩턴은 다른 병으로 내원한 환자들도 무조건 엑스레이를 찍어 보게 했다. 본인도 모르게 결핵에 감염된 사람들이 의외로 많아 이 방법은 큰 성과가 있었다. 닥터 디트릭은 예방접종을 강조했다.

스토리 선교사가 광주에 와서 한 일은 병원에서 퇴원한 결핵 환자가 의사의 지시대로 집에서 약을 잘 먹고 있는지 확인하는 것이었다. 병원에 제출한 환자 등록카드에는 주소와 약도가 있었지만 그 번지에 환자의 집이 없을 때가 많았다. 무슨 이유에선지 환자가 자기 집을 밝히기 싫어했다. 아마도 자신이 결핵 환자임을 다른 사람들이 아는 것을 꺼렸던 것 같다. 어렵게 집을 찾아가 약을 보여 달라고 해서 정말 잘 복용하고 있는지 개수를 세기도 했다. 결핵약은 1년을 쉬지 않고 계속 먹어야 하는데 사람들은 증세가 조금 나아지면 약을 중단했다. 그러면 얼마 후 증상이 재발되고 더 악화된 채 병원에 다시 들어왔다. 스토리 선교사와 환자들과의 대화는 늘 이런 식으로 반복되었다.

"선생님, 약 빼놓지 마시고 단백질과 영양가 있는 거 많이 잡수셔야 합니다."

"돈이 없는디 어떻게 좋은 거 먹는당가요. 세 끼 밥이나 잘 먹으면 다행이지라."

"이 병은 쉬어야 낫는 병이니 집에서 안정하세요."

"자빠져 있으믄 누가 우리 식구들 메겨 살린당가요?"

말은 그래도 스토리 선교사가 가면 환자들이 고마워했다.

아기들에게 결핵 예방접종을 권하면 깜짝 놀라며 거절하는 사람들이 많았다.

"왜 공연히 아기한테 주사를 맞힌다요?"

부모들을 설득하고 교육하는 일이 쉽지는 않았다.

스토리 선교사는 집 없이 거리를 떠도는 사람들을 무조건 잡아다가 수용하는 갱생원에도 갔다. 거기에서 그녀는 경악했다.

"도대체 갱생은 무슨 갱생? 이런 데서?"

좁은 공간에 난방도 안 되는데 아이와 어른들이 섞여 빼곡히 앉아 있었다. 그 안에서 결핵 환자들이 쉴 새 없이 기침을 해댔다. 영양도 부족하고 면역력이 약한 아이들에게 전염되는 것은 시간문제였다.

한번은 시장에 갔다가 길에서 헤매는 남자아이를 보았다. 고아원에서 도망친 아이였다. 시청에 데려갔더니 갱생원으로 보냈다. 스토리 선교사가 갱생원에 갔다가 그 아이가 좁은 방안에 정신질환자들과 함께 있는 것을 보고 깜짝 놀라 자기 집으로 아이를 데려왔다. 얼마 후 그 아이의 엄마가 스토리 선교사의 집으로 와서 아이를 데려갔지만 그 아이는 다시 집을 나왔다고 들었다. 스토리 선교사는 안타까운 마음이 들어 미혼이지만 여자아이 두 명을 입양했다.

스토리 선교사는 캐나다 위니펙 출신이다. 대학에서는 건축학을 공부했다. 처음부터 선교사를 지망한 것은 아니었다. 한국이나 일본, 홍콩 등에서 영어를 가르치는 교사를 모집한다는 말을 듣고 온 것이다. 그녀의 부모님은 여자가 외국으로 나가는 것을 반대했다. 3년만 있기로 하고 한국이란 나라로 결정했는데 도서관에 가서 찾아보니 한국에 관한 자료는 1930년에 나온 책 단 한 권뿐이었다.

1960년 8월, 캐나다에서 샌프란시스코로 와서 화물선을 탔다. 화물선은 알래스카와 일본 본토, 오키나와를 거쳐 부산까지 가는 데 한 달이 걸렸다. 그녀가 처음 간 곳은 서울 수유리에 있던 한신대학교였다. 버스를 탔는데 한국말은 전혀 못 하고 요금도 얼마인지, 어디서 내리는지도 몰랐다. 차장은 친절하게 거스름돈도 챙겨 주고 내려야 할 정류장에 그녀를 정확하게 내려 주었다. 한번은 동네 가게에서 물건을 사고 거스름돈을 안 받고 그냥 집으로 왔더니 그 가게 주인이 물어물어 그녀 집까지 와서 거스름돈을 주고 갔다.

한국에서는 가다가 길을 잃으면 그냥 서 있으면 되었다. 틀림없이 누군가가 다가와 물었다.

"어디 가세요?"

친절하게 길도 가르쳐 주고, 그래도 못 알아들으면 가던 길도 돌아와서 그녀를 데려다 주었다. 그때부터 스토리 선교사는 한국이 좋았다.

그녀는 3년을 채우고 캐나다에 들어가 다시 간호학을 공부했다. 한국으로 돌아와 광주기독병원 보건간호사로 7년을 일했다. 닥터 카딩턴이 방글라데시로 떠난 해, 스토리 선교사도 더 많은 일들이 기다리고 있는 원주기독병원으로 옮겼다. 그녀는 주로 한센병 환자들을 돌보다가 장애인 시설을 만들었다.

그녀의 선교 사역은 그냥 바보처럼 서 있는 것에서 시작되었다. 무얼 해야 할지 몰라 그렇게 서 있으면 누군가가 도와주러 왔다. 선교 사역은 선교사 혼자 힘으로 되는 것이 아니었다. 닥터 카딩턴도 그랬을 것이다. 그를 돕고 지지하고 사랑해 주는 한국사람들 덕분에 하나님의 사역이 이루어졌다.

닥터 카딩턴은 선교편지에서 영국성공회 러트(Rutt) 주교의 말을 인용해 의사와 선교사로서 자신의 소명을 다시 한번 확인했다.

"우리 모두는 거지들이고 단지 다른 거지들에게 생명의 빵을 어디서 찾아야 하는지를 가르쳐 줄 수 있을 뿐이며," 예수님과 관계된 것을 제외하고는 우리 가운데 본질적으로나 선천적으로 가치 있고 선한 것은 아무것도 없습니다.[5]

페이지의 허락

"괜찮하십니까? 오늘 퇴원합니다."

닥터 카딩턴이 회진을 하며 퇴원 환자들에게 하는 문안인사다. 닥터 카딩턴의 말에 어떤 환자는 대놓고 말했다.

"퇴원할란디 옷이 없어가꼬."

"그런 얘기 좀 하지 마세요."

옆에 있던 수간호사가 면박을 줘도 소용이 없었다. 이 말을 들은 닥터 카딩턴은 집으로 달려갈 것이고 자기 집에 있는 옷을 챙겨 환자에게 갖다줄 것이기 때문이었다.

김헌남 선생은 1971년 전남대 의대를 졸업하고 닥터 카딩턴 밑에서 인턴과 레지던트를 했다. 1970년대에 들어서면서 우리나라에는 결핵 환자 수가 줄어들고 있었다. 그러나 광주기독병원은 결핵 전문 병원으로 유명해 여전히 전국에서 환자들이 몰려왔다. 문제는 결핵 환자들이 자신의 병을 숨기는 것이었다. 김헌남 선생이 진료했던 환자 가운데는 학교 선생님들도 있었다.

"선생님, 진단서를 끊어 드릴 테니 잠시 휴직하고 집에서 쉬시지요."

그들은 의사의 권고를 듣지 않고 여전히 학교에서 아이들을 가르쳤다. 지금 생각해도 겁나는 일이었다. 정부도 결핵왕국이라는 오명에서 벗어나기 위해 전력을 다했지만 단기적으로 치료를 해서 잠복 환자와 재발되는 환자들이 늘어 갔다.

의사들은 결핵과를 꺼렸지만 김 선생은 그런 마음이 없었다. 환자가 갑자기 피를 토하다가 기도가 막힌 위급한 상황에서 그도 자신도 모르게 환자에게 구강 대 구강 인공호흡을 한 적이 있다. 사실 마음속으로 감염이 걱정되었지만 의사로서 최선을 다하고 싶었다. 닥터 카딩턴은 이런 일을 수없이 했다. 그가 진심으로 존경스러웠다. 다행히 김 선생도 결핵에 걸리지 않았다.

미국대학 졸업생들로 이루어진 평화봉사단원들이 한국에 들어와 보건진료소와 함께 결핵분야에서도 일하게 되었다. 닥터 카딩턴은 그들에게 고마움을 표시했다. 그들은 영어를 전혀 모르는 한국의 시골 사람들과 직접 생활하며 지냈기 때문에 한국어를 선교사들보다 빨리 배웠다. 그 가운데는 음악적 재능이 뛰어난 사람들이 많이 있었다. 아리랑도 진도아리랑, 밀양아리랑 그 밖의 아리랑을 다 구분

하여 부를 줄 아는 단원도 있었다. 그들은 레코드판을 하나 만들어 판매한 돈으로 결핵협회를 돕기로 했다. 한국의 민요를 현대식으로 바꾼 노래인데, 그중 하나가 "결핵 없는 내일"이라는 노래였다.

> 나라의 힘이 되는 국민의 건강
> 발전과 생산의 힘이요
> 내가 설마 하지 말고 검진 받으면
> 결핵 없는 우리나라의 보다 나은 내일……[6]

닥터 카딩턴이 잠깐 미국으로 휴가를 가면서 김헌남 선생에게 다른 일을 맡기고 갔다. 간질 환자들이 모여 있는 작은 요양원 같은 곳에 약을 가져다주는 일이었다. 사람들은 닥터 카딩턴이 간질 환자와 정신질환자까지 돌보는 줄은 몰랐다. 약한 자들이 있는 곳에는 어김없이 닥터 카딩턴의 돕는 손길이 있었다. 그의 집 앞에는 거지들이 늘 장사진을 쳤는데 그중에는 정신병에 걸린 사람들도 많았다. 그들을 수용할 곳도 마땅치 않아 그들은 거리를 떠돌거나 경찰에 잡혀 갱생원 철장에 갇혔다. 닥터 카딩턴의 집에도 수시로 그런 사람들이 같이 살았지만 정신병을 고치려면 전문적인 의료기관이 필요했다.

한국전쟁의 상처와 그 후의 극심한 가난과 사회적 혼란 등으로 정신병을 얻거나 자살하는 사람들이 늘어 갔다. 심지어 세례교인들만 들어올 수 있는 기독병원 직원들 중에도 극단적인 선택을 하는 사람들이 있었다.[7] 닥터 카딩턴은 그들을 치료하기 위해 1965년에 정신과 병동을 열고자 했지만, 의료위원회와 광주기독병원 이사회는 적절한 의료진과 기금이 준비될 때까지 기다릴 것을 권했다.[8]

1년간 특별휴가를 받아 미국에 가 있을 때, 닥터 카딩턴은 조지아 지역병원의 새로운 정신병원에서 흥미 있고 도전적인 경험을 했다고 편지에 썼다.

"이 병원에서는 각 환자들을 위해 의사와 사회복지사, 목사가 한 팀이 되어 치료계획을 세우는데 이것이 아주 좋았습니다."[9]

이런 환상적인 시스템은 그 당시 한국의 상황으로는 요원했다.

닥터 카딩턴은 1970년 8월, 미국 몬트리트에서 열린 세계선교대회에 참석했다. 그는 "너희는 온 천하에 다니며 만민에게 복음을 전파하라"는 주님의 긴급한 명령을 실천하기 위해 새로운 도전을 다시 할 수 있기를 소망했다. 그는 하나님께서 일꾼들을 부르시고 그분의 추수 작업에 투입할 수 있도록 많은 장소들을 찾아내야 한다고 편지에 썼다.

저는 우리의 도움이 시급한 곳이라면 바로 가까이에 있는 곳과 마찬가지로 지리적으로 멀리 떨어진 지역에도 관심을 가질 수 있기를 바랍니다. 오늘날 전쟁터의 전선은 수많은 곳에 산재해 있고 어디가 앞인지 사실 명확하지도 않습니다. 한국전쟁 때처럼 전쟁의 소용돌이 속에서 전선이 포병대 뒤로 가 있어 고립될 때도 있습니다.

종종 우리의 사역이 하찮게 여겨질 때가 있습니다. 그러나 우리에게는 "주 안에서 헛되지 않다"는 말씀과 "볼지어다 내가 세상 끝날까지 너희와 항상 함께 있으리라"는 주님의 약속이 있습니다.[10]

닥터 카딩턴의 마음은 방글라데시로 더욱 기울어지고 있었다. 하지만 방글라데시로 떠나기 위해서는 우선 아내인 페이지의 동의를 얻어야 했다.

페이지 여사는 한국과 일본, 미국에서 여섯 아이들을 낳았다. 루이스를 출산할 때 너무 많은 피를 흘리고 뇌하수체에 이상이 생겨 건강이 좋지 않았다. 땀을 비 오듯 흘리고 더위를 참지 못했다. 그 건강상태로 한여름이면 35도 이상 기온이 오르는 더운 나라 방글라데시로 갈 수 없었다. 페이지 여사는 자신의 병약한 몸이 닥터 카딩턴의 선교 사역에 방해가 될까 봐 걱정했다. 그녀는 한국에서 선교 임무를 마치면 미국 고향으로 돌아가기를 원했다.

두 사람은 결혼할 때 하나님의 일을 할 때는 무엇이든 순종하기로 약속했었다. 닥터 카딩턴은 묵묵하게 페이지의 허락을 기다렸다.

그 나라를 너희에게 주시기를 기뻐하시느니라

닥터 카딩턴은 만약 방글라데시로 떠날 수 없을 경우에 그 대안으로 제주도를 생각했다. 그는 하나님께서 원하시는 곳의 문을 열어 주실 거라고 믿었다. 제주도는 미국 남장로교 선교사들이 한국에 들어올 때부터 전라도와 더불어 선교지역에 포함되어 있었다. 미신을 많이 믿고 배타성이 강한 제주도에서 남장로교 선교사들은 종종 선교 활동과 의료 활동을 폈다.

1972년 7월부터 닥터 카딩턴은 일주일에 두 번씩 제주도로 건너가 보이어(Boyer) 선교사 부부가 건축한 건물에 있는 진료실에서 일했다. 케네스 엘머 보이어(Kenneth Elmer Boyer, ᄇ계선)와 실비아 보이어(Sylvia Boyer) 부부는 주로 목포와 광주 인근 섬들을 다니며 기생충 퇴치와 소아마비 예방 접종, 복음전도 등을 주로 하다가 나중에는 제주도 사역에 헌신했다.

닥터 카딩턴은 제주도에서의 의료 활동을 위해 여행 경비와 거주 간호사를 요청하는 보고서를 이미 병원 행정관에게 제출했다.[11]

11월 4일, 닥터 카딩턴은 광주에서 비행기로 40분이 걸리는 제주도에 와서 환자들을 진료하며 편지를 썼다.

제주도는 집집마다 돌담을 포함해 흥미롭고 독특한 화산 풍경과 경치 덕분에 관광의 메카가 되고 있습니다. 우리는 이곳에 매주 이틀씩 내려옵니다. 우리의 새 진료소는 무척 바쁩니다. 몇몇 특이한 사례는 치료를 위해 광주에 있는 병원으로 보냅니다. 내일 아침 저와 페이지는 비행기를 타고 전신을 덮고 있는 희귀 피부병(피부각화증)을 가진 열아홉 살 소녀를 데리고 갈 계획인데, 그녀가 도움을 받을 수 있기를 희망합니다. 그녀는 제주도의 한 시골 작은 교회에 다니고 있고 할머니와 남동생, 여동생들만 있는데 한국 본토에는 가 본 적이 없다고 합니다. 우리 환자들 중 많은 이들이 진찰과 치료를 받을 여유가 없는 노인들입니다. 이들이 역경 속에서도 기독교인으로서 인내의 결실을 맺는 모습을 보며 저는 감동받고 있습니다.

닥터 카딩턴도 페이지 여사의 건강을 생각해 제주도에 병원이 열리면 그곳에서 사역을 계속할 계획이었다.

그해 겨울, 닥터 카딩턴과 닥터 디트릭은 한국의 전문의 자격 시험을 보기로 했다. 한국 정부는 결핵 관련분야에 전문의를 둘 예정이었다. 광주기독병원 결핵담당 의사 두 명이 한국 전문의 자격을 가지고 있는 것이 여러 모로 좋겠다는 판단을 내려 두 사람은 추운 겨울날 서울대 대형 강의실에서 시험을 보았다. 한자가 섞인 시험지를 해독할 수 없어 시험관들은 절반으로 나눠 번역을 해주었다. 닥터 카딩턴과 닥터 디트릭은 번역된 시험문제를 바꿔 보다가 부정행위로 오해를 샀다. 의심은 풀렸지만 두 사람은 축 처져서 시험장을 떠났다. 어쨌든 두 사람은 시험에 합격했다.[12]

닥터 카딩턴이 한국 전문의 자격까지 딴 것으로 보아 만약 제주도 사역이 확정되었다면 그는 한국을 떠나지 않았을지도 모른다. 그러나 안타깝게도 제주병원의 일은 무산되고 말았다. 하나님은 제주도 사역의 문을 닫으시고 방글라데시의 문을 열어 주셨다.

그는 1973년 3월, 미국 남장로교 선교부에 방글라데시 선교사로 나가는 것을 정식으로 청원했다. 페이지도 주님의 인도하심에 남편과 같이 동행하기로 결심했다.

6월, 방글라데시 갠지스 강의 삼각주는 평평하고 뜨거웠지만 매우 푸르고 아름다웠습니다. 국토를 가로지르는 갠지스 강과 브라마푸트라 강에는 배가 드나드는 포구가 많아, 동서쪽으로의 여행은 매우 느리고 여객선을 자주 이용해야 했습니다.[13]

1973년 6월, 닥터 카딩턴은 고등학교 졸업반인 셋째 아들 루이스와 함께 방글라데시로 떠났다. 그는 6월부터 3개월 동안 특별휴가를 신청했다. 첫째 아들 허버트의 결혼식이 8월 15일에 미국에서 있을 예정이었다. 첫째 딸 줄리는 엄마가 나온 아그네스 스콧 대학을 마치고 코넬 간호대학을 다니고 있었고, 둘째 딸 메리 페이지는 사우스캐롤라이나 대학에서 역시 간호학을 공부하고 있었다. 둘째 아들 데이비드는 킹스 칼리지에 다니고 있었다. 닥터 카딩턴은 미리 방글라데시로 떠나 두 주간 지내다가 미국으로 들어갈 계획을 세웠다.

방글라데시는 세계에서 가장 가난하고 비참한 나라였다. 1970년 동파키스탄 시절, 사이클론 볼라로 하룻밤에 50만 명이 몰살되는 끔찍한 재해를 당했고, 1971년에는 언어와 인종이 다른 서파키스탄의 침공을 받아 300만 명이 죽는 전쟁을 치렀다. 전쟁이 끝난 지 2년이 지났지만 방글라데시는 가난과 질병, 굶주림이 만연했다. 특히 국토의 3분의 1이 바다보다 낮아 한번 해일이 쓸고 가면 지도가 바뀌었다. 해일로 경작지가 없어진 농부들은 난민이 되어 도시로 몰려들었다.

닥터 카딩턴은 인구 7,300만 명, 벵골어를 구사하고, 85퍼센트는 무슬림, 85퍼센트는 문맹인 방글라데시가 끔찍한 내전에서 서서히 회복되고 있다고 편지에 썼다.

이슬람에 대한 믿음은 서파키스탄이 침략해 왔을 때 무슬림 동포들의 잔혹함에 흔들렸고, 라흐만 방글라데시 대통령은 몇몇 의료선교 사역을 환영했습니다.[14]

방글라데시에 있는 약 250명의 선교사들은 다른 종교에 문이 조금 열린 지금이 선교 사역을 강화할 수 있는 절호의 기회라고 확신하고 있었다. 이곳에 있는 개신교회는 대부분 침례교이고 교인 수는 3만 명 정도, 가톨릭신자는 약 10만 명이었다. 즉각적인 대규모의 구호는 미국과 적십자, 옥스팜, 그리고 기독교세계봉사회에 의해 이루어지겠지만, 건강과 교육 분야는 수년 동안 장기적으로 지원해야 할 것으로 예측되었다. 그는 방글라데시에 새롭게 열린 문을 통해 들어갈 복음과 봉사의 일꾼들을 위해 기도해 달라는 부탁을 했다. 그는 누가복음 12장 32절로 편지를 맺었다.

적은 무리여 무서워 말라. 너희 아버지께서 그 나라를 너희에게 주시기를 기뻐하시느니라.

닥터 카딩턴과 루이스는 다카의 샬라마라는 작은 호텔에 머물렀다. 방이 7개밖에 없었다. 방으로 올라가는 계단에도 사람들이 자고 있었다. 방값을 지불할 여유가 없는 사람들이었다. 닥터 카딩턴은 새로운 선교지가 될 방글라데시에서 기쁘고 활기차게 사람들을 만났다. 아버지는 루이스와 함께 방글라데시 여행을 해서 즐거웠다고 했지만, 루이스에게는 매우 가난하고 덥고 원시적인 나라에 불과했다. 루이스는 집으로 돌아가고 싶었다. 그는 풋볼을 좋아하는 아직 참을성 없는 십대였다. 루이스는 이때를 생각하며 종종 죄책감을 느꼈다.

고허번 원장을 만나야겠습니다

미국 남장로교 국제선교부 실행위원회는 현지 시찰을 마친 빌 라이스(Bill Rice)의 보고를 토대로 1974년 3월, 이 교단 최초로 방글라데시에 의료선교사 한 가족과 농업선교사 한 가족을 파송하기로 결의했다. 닥터 카딩턴의 출발 날짜는 1974년 8월로 정해졌다.

닥터 카딩턴이 광주를 떠난다는 소식에 선교사들뿐 아니라 많은 한국사람들이 놀랐다. 1974년 봄에는 어떻게 해야 닥터 카딩턴이 한국을 떠나지 못하게 막을 것인가를 두고 수많은 이야기가 오갔다.

결핵 환자로 들어왔다가 광주기독병원의 원목이 된 양한묵 목사는 1971년부터 닥터 카딩턴에게 기도 부탁을 받고 있었다.

"한국은 이제 제가 없어도 잘되고 있습니다. 저는 더 어려운 방글라데시로 가려고 합니다. 그 일은 아내의 허락을 받아야 합니다. 그러니 기도해 주세요."

양 목사는 닥터 카딩턴을 붙잡았다.

"원장님, 아직 한국에서 하실 일이 많습니다. 저 결핵 환자들 다 원장님을 아버지같이 바라보고 있는데 어떻게 두고 가십니까?"

닥터 카딩턴은 미소를 지으며 대답했다.

"예, 저는 한국 올 때 한국 사랑해서 온 거 아닙니다. 주님이 가라 해서 왔습니다. 이제 방글라데시로 가라십니다. 그러니 순종해야지요."

김정중 목사도 닥터 카딩턴을 설득했다.

"원장님, 한국에서 일하다가 한국에 묻힌다고 하셨잖아요. 한국이 발전했어도 원장님을 필요로 하는 사람이 아직 많습니다. 노령에 그 험한 데를 어쩌려고 가십니까?"

닥터 카딩턴은 54세, 페이지 여사는 52세였다. 25년 전, 청년으로 왔던 그는 머리카락이 하얗게 센 노년에 들어서고 있었다. 카딩턴은 김 목사에게 방글라데시의 비참한 상황이 찍힌 사진을 보여 주며 말했다.

"제가 처음 한국에 오고 전쟁이 났을 때 이런 모습이었어요. 지금 한국엔 좋은 의사들 많고 병원도 많습니다. 하나님이 저를 필요로 하는 곳으로 가라는 뜻이지요."

원장인 닥터 디트릭도 설득했지만, 아무도 그의 마음을 돌이킬 수 없었다.

닥터 카딩턴은 광주를 떠나기 전에 할 일이 많았다. 우선 같이 가기로 한 정성균 전도사를 도와야 했다. 그가 닥터 카딩턴과 방글라데시에 국제협력선교사로 같이 들어가기 위해서는 미국 남장로교가 정한 선교사 파송 자격을 갖추어야 했다. 그 자격은 다음과 같았다.

"방글라데시에 파송될 선교사는 누구나 복음적 신앙을 소유한 자이어야 할 뿐 아니라, 반드시 공중위생과 농업과 공동체 훈련 능력 및 방글라데시 교회협의회가 요청하는 전문 지식, 기술을 소지한 자여야 한다."[15]

정성균 전도사는 대학과 신학 교육만 받았을 뿐이었다. 닥터 카딩턴은 정 전도사 부부를 서울에 있는 한국결핵연구원에 보내어 3개월 동안 결핵진료 기술훈련을 받고 임상병리사 자격증을 따게 했다.

또 한 가지는 여권 문제였다. 당시 한국에서 여권을 받으려면 외국의 공식 초청장이 있어야 했다. 정 전도사는 한국교회의 인준을 받지 못하고 독립 선교사로 나가게 되었으므로 여권을 받을 수 없었다. 8월에 떠나야 하는데 7월까지도 그의 방글라데시 행은 불투명했다.

7월 초, 25년간 한국의 결핵 환자들을 위해 헌신한 닥터 카딩턴에게 정부는 환송식을 열어 주고 감사패를 전달했다. 당시 보건사회부 고재필 장관은 환송식이 끝나고 식사를 하는 자리에서 닥터 카딩턴에게 물었다.

"외국으로 나가시는데 어려운 일이 있으면 제가 힘닿는 대로 도와드리지요."

그 말을 듣는 순간 닥터 카딩턴의 머리에 정 전도사의 여권이 떠올랐다.

"예, 있습니다. 저와 같이 떠나는 동역자의 여권입니다."

기적적으로 정 전도사와 가족의 여권이 나왔다. 7월 20일, 출발 두 주 전이었다. 닥터 카딩턴은 정 전도사의 비행기 표 값도 한 장로로부터 받게 해주었다. 그 비용은 닥터 카딩턴이 갚는다는 조건이었다.[16]

닥터 카딩턴은 무등원이 여러 후원들이 끊겨 어려움을 겪는 것을 보고 사비를 털어 땅을 사 주고 돼지, 토끼, 닭 등을 키워 자립해 살 수 있는 방도를 마련해 주었다.

닥터 카딩턴은 1974년 7월 22일, 전쟁 후 자신이 문을 연 광주기독병원에서 송별예배를 드렸다. 하나님의 병원이 꼭 가져야 할 덕목들, 가난하고 병든 사람에 대한 사랑과 긍휼로 주춧돌을 놓은 병원이었다. 그는 하나님의 뜻을 따라 또 다른 긍휼의 병원을 열기 위해 8월 7일, 한국을 떠나 방글라데시로 향했다.

닥터 카딩턴은 자신에 관한 것은 아무것도 남기지 않았다. 집의 물건들도 떠나기 전에 다 나눠 주었다.

"광주의 성자", "한국 결핵의 아버지", "작은 예수"라고 불렸던 그는 수많은 가난하고 아픈 사람들에게 보답할 수 없는 사랑의 따뜻한 흔적만을 남겼을 뿐이다.

『한국 선교 이야기』를 쓰고 호남신학교를 설립한 조지 톰슨 브라운 박사는 닥터 카딩턴에 관한 이야기 하나를 전해 준다.

나이 지긋한 한 한국인 신사가 선교사 사택단지 출입문에 와서 수위에게 말했다.

"나는 더 오래 살 생각은 없습니다. 하지만 어떻게 하면 그리스도인이 될 수 있는지 알고 싶어서 왔습니다."

그 신사가 만나고 싶어 하는 사람은 목사인 드와이트 린튼도 타미 브라운 박사도 아닌 닥터 카딩턴, 고허번 원장이었다.[17]

8부

내 영혼아
주를
송축하라

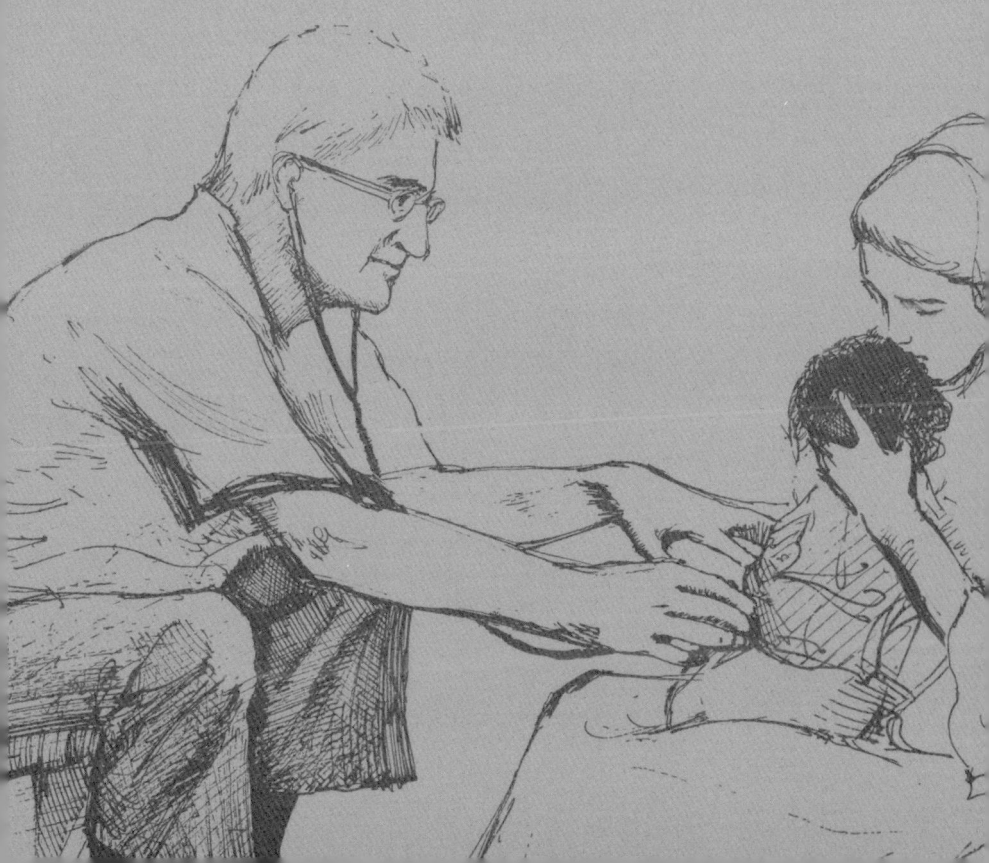

닥터 카딩턴은 방글라데시 빈민가 텔레구의 클리닉에서 사람들을 진찰하고 있었다. 어린이부터 어른까지 그는 다정하게 이름을 부르며 한 사람 한 사람을 진료했다. 갑자기 그의 입에서 한국말이 터져 나왔다.

"예, 어디가 아프십니까?"

옆에 있던 조형석 원장은 울컥했다. 광주를 떠난 지 20년이 가까운데 아직 한국을 잊지 않고 사랑하고 있구나 싶어 눈시울이 뜨거워졌다.

조 원장은 1991년 5월부터 3개월 동안 닥터 카딩턴이 문을 연 방글라데시 통기 클리닉에서 일했다. 말로만 전해 듣던 닥터 카딩턴을 그때 처음으로 만났다.

71세, 백발의 연로한 닥터 카딩턴은 방글라데시 사람들과 구분이 안 될 정도로 소박한 옷차림을 하고 있었다. 거처 역시 한국의 가장 가난한 집도 그보다는 나을 듯했다. 방 하나에 부엌 하나, 방에는 침대 두 개가 있었는데 현지인들을 교육하는 남자 전도사가 쓰고 있었다. 부엌에는 싱크대도 찬장도 없었다. 불 피우는 곳이 있고, 작은 양재기 안에는 감자가 몇 개 있을 뿐 다른 음식은 아무것도 없었다. 한국에서도 빈곤한 사람들과 살더니 방글라데시에 와서도 여전했다.

'과연 어떤 선교사가 평생을 변함없이 가난한 자의 친구로 살 수 있을까?'

조 원장은 스스로에게 물었다. 조 원장은 선교사의 꿈이 있었다.

닥터 카딩턴의 통기 클리닉은 한국기독교해외의료선교회인 콤스(Korean Overseas Medical Mission Society, KOMMS)[1]가 맡아서 운영하고 있었다. 그러나 이용웅 선교사, 강원희 선교사가 오랫동안 사역한 후에는 후임이 정해지지 않았다. 콤스는 이 단체에 속해 있는 한국의 기독병원들이 3개월씩 돌아가며 의사 한 명을 파견하기로 했다. 광주기독병원의 차례가 되어 조 원장은 아내와 함께 방글라데시로 들어왔다. 그는 외과를 택했을 때부터 선교사로 나갈 마음이 있었다. 방글라데시의 3개월은 그 가능성을 훈련하는 시간이었다.

그는 외과 전문의라 수술을 많이 했다. 전신마취는 힘들고 국소마취가 가능한 수술들이었다. 어느 날 한 남자가 절뚝대며 들어와 발바닥이 아프다고 했다. 맨발로 다니다 보니 발에 무엇이 박혀도 대수롭지 않게 여기는 사람들인데 그 남자는 믿기 힘들 정도로 아팠던 것 같다. 마취를 하고 발바닥을 열어 보니 그 안에 자갈부터 모래와 나무 가시까지 한 주먹이 들어 있었다.

닥터 카딩턴은 이곳에서도 여전히 전도지를 돌렸다. 스쿠터를 타고 전도지를 뿌리는데 어느 때는 먹을 것과 담요도 던져 주었다. 방글라데시 당국이 그를 체포하지 않는 것은 그들도 닥터 카딩턴이 가난한 사람들을 돕는 착한 의사임을 알기 때문이었다. 도리어 그에게 방글라데시 국민들을 위해 헌신 봉사한 사람에게 주는 골든 뱅골리 상을 주었다.

닥터 카딩턴과 한국에서 온 선교사들이 함께 차를 타고 갈 때였다. 조 원장은 노선교사가 어떻게 이런 힘든 선교 사역을 수십 년 동안 한국과 방글라데시에서 할 수 있었는지 궁금해서 물어 보았다. 닥터 카딩턴의 대답은 간단했다.

"사랑하면 할 수 있지요."

노선교사의 선교 비결을 받아쓰려고 노트와 펜까지 꺼내 든 그가 쓸 수 있는 단어는 단 한 글자였다.

"사랑."

하루의 생존마저 힘든 나라

　1974년 8월 7일, 김포공항을 출발한 비행기는 두 시간 후 일본 하네다 공항에 도착했다. 닥터 카딩턴과 정성균 선교사는 동경의 방글라데시 대사관에 가서 정 선교사의 비자를 받았다. 한국에는 방글라데시 대사관이 없기 때문이었다. 돌아오는 길에 닥터 카딩턴은 미리 준비해 온 일본어 전도지로 해가 질 때까지 노방전도를 했다.
　다음 날 밤늦게 일본을 출발한 비행기는 홍콩에 도착했다. 홍콩에서는 18일 간 머물며 방글라데시에서 필요한 의료기와 약품을 구입했다. 닥터 카딩턴은 이곳 성서공회를 방문해 방글라데시어 성경을 받았다. 신약성경은 의료용품과 함께 선적되어 방글라데시에 도착할 예정이었다. 이슬람 국가가 이런 허가를 내준 건 기적과 같았다. 이곳에서도 닥터 카딩턴은 틈틈이 중국어 쪽복음과 전도지를 돌렸다. 홍콩에서는 방글라데시에서 같이 일하게 될 농업전문가 버치와

메리 서새비지(Butch and Mary Sursavage) 부부도 만났다.

홍콩을 떠날 무렵, 방글라데시에서 해일과 홍수가 나서 수만 명이 죽고 수백만의 이재민이 발생했다는 소식을 들었다. 19개의 주 가운데 17개 주가 물에 잠겼다. 수도인 다카는 고립되었고, 물이 빠지면 수인성 전염병이 발생할 것이 뻔했다. 닥터 카딩턴은 이 나라에 약품과 함께 구호식품인 분유를 제공해야 한다고 보았다.[2]

8월 26일, 일행은 홍콩에서 방콕으로 가서 하룻밤을 묵었다. 닥터 카딩턴은 이곳에서도 공항 주변의 태국인들에게 전도지를 돌렸다. 8월 27일 오전 방콕을 떠난 비행기가 세 시간의 비행을 마치고 온 국토가 물에 잠겨 마치 바다 같은 비행장에 도착했다.

그들을 맞은 것은 축축하고 후덥지근한 바람과 뜨거운 열기였다. 그리고 맨발에 누더기를 입은 수백 명의 거지 떼였다. 거지들은 공항을 나온 닥터 카딩턴 일행을 둘러싸고 옷을 잡아당기고 가방을 붙잡고 구걸을 했다.[3] 닥터 카딩턴이 안식년에서 돌아올 때마다 광주 송정역에 마중나와 기다리던 거지들은 이들에 비하면 양반이었다.

다카에 있는 침례교 영빈관에서 지낸 지 일주일 정도 되었을 무렵, 닥터 카딩턴과 정 선교사 일행은 방글라데시에 온 외국인들이 유의해야 할 안전수칙에 대해 오리엔테이션을 받았다.

- 당신은 지금 하루하루의 생존마저도 힘든 나라에 들어와 있다는

사실을 잊지 말 것.

- 밖에 나갈 때는 (방글라데시 사람들처럼) 절대로 맨발로 걷지 말 것. 10명에 8명은 결핵 보균자인 이 도시의 거리는 이들이 뱉은 침과 가래로 인한 결핵균, 나균, 콜레라균으로 득실거림.
- 밖에서 돌아왔을 때는 반드시 신발을 털고 손과 발을 씻을 것.
- 물은 반드시 20분 이상 끓여 먹을 것. 이 나라에서 흔한 간암을 유발하는 간염균(Hepatitis)은 정수기로도 걸러지지 않으며, 냉수로 마실 경우 2-3년 내로 누구나 죽는다는 사실을 명심할 것.
- 거지가 구걸할 때는 꼭 몇 푼이라도 줄 것. 주지 않으면 더 큰 손해를 보게 됨.
- 이 나라 사람들과 악수할 때는 반드시 오른손으로 할 것. 이 나라 사람들은 왼손은 화장실(시골의 경우 화장실도 없음)에서 뒤처리하는 데 사용하고, 오른손은 식사하고 악수하는 데 사용함.[4]

초임 선교사인 정성균과 그의 아내 임평수에게 다카는 거의 지옥이 연상되는 곳이었지만, 한국전쟁과 그 후의 비참함을 한가운데서 겪었던 닥터 카딩턴은 여유롭고 평안했다. 그는 첫 번째 편지를 썼다.

방글라데시에서 인사드립니다! 8월 27일 도착한 이후 첫 번째 편지입니다. 우리는 등록을 하고 적응할 시간도 가지며 이제야 안정되고 있습니다. 처음 도착했을 때보다 조금 더 '벵골인의 시선'으로 여기를 보기 시작했습니다. 아름다운 산으로 둘러싸인 한국 광주의 우리 집을 떠나 이곳에 도착해 받은 첫인상은 이렇습니다. 방글라데시는 평평하고, 푸르며, 검은 피부의 사람들이 친근하게 웃습니다. 릭샤라는 인력거가 있고, 선교사 사회는 친절하고, 날씨는 아주 덥습니다(최근 며칠 동안 덥고 습했는데 천장 선풍기 덕분에 쾌적하고 시원했습니다). 마지막으로, 가장 중요한 것이 있는데, 오후에 차를 마시는 것입니다. 아주 훌륭한 전통입니다. (이 편지를 쓰는 동안 제 방으로 차가 배달이 되었네요.)
방글라데시에 도착한 외국인의 등록 절차는 시간이 걸리는데, 우리는 이곳 공무원들과 친하게 지내는 남침례교 선교사들 덕분에 기적적으로 동료인 정 선교사와 서새비지 선교사 가족이 모두 등록을 완료했습니다. 단기 구호팀은 쉽게 등록되지만, 장기간 있는 선교사들의 서류는 공무원들이 좀 더 꼼꼼하게 살피는 것 같습니다.[5]

닥터 카딩턴 일행은 아침 8시 30분에 그 지역 벵골교회에 가서 예배를 드리며 주님의 임재를 느꼈다. 그들은 또 아름다운 가톨릭 홀리 크로스 여자대학 건물에 있는 인터내셔널 커뮤니티 교회에도 갔다. 이 예배에서 그는 젊은 벵골인 청년 사와르 무어를 만났다. 그는 지난해 여름 닥터 카딩턴이 이곳에 두 주간 왔을 때 호텔 로비에서 우연히 만나 이 예배에 초대했는데, 이후로 계속 예배에 참석하고 있었다. 많은 사람들이 기독교 신앙에 관심이 있지만, 그 청년처럼 분명히 결신하기는 어려운 일이다.

닥터 카딩턴은 600명의 환자들이 정기적으로 치료받고 있는 지방정부 결핵클리닉을 방문하고 담당 공무원을 만났다. 그리고 그들의 사역을 환영하는 보그라(Bogra) 지역의 의료 담당관을 만났다. 보그라는 다카에서 서북쪽으로 230킬로미터 떨어져 있는 라즈샤이 주의 중심도시다. 그 공무원은 올해는 수두가 우선 해결 목표이고 내년에는 결핵이 될 것이라고 말했다. 방글라데시는 국민의 4퍼센트가 활동성 결핵을 가지고 있었다. 결핵억제프로젝트의 가장 큰 문제 중 하나는 연결 도로가 거의 없고 고립된 마을이 많다는 것이었다.

보그라의 병원은 60년간 운영되어 왔는데 수년간 산부인과 업무를 주로 보는 여성 선교사 한 명이 근무하고 있었다. 여성과 남성 환자는 분리되어 있고, 병원 평판이 매우 좋아 대부분의 공무원들이 자기 가족들을 이 병원에 데려오고 있었다. 무슬림 환자들은 병원 내 전도자의 말에 귀를 기울이는 것 같지만 가시적인 성과는 적었다.

닥터 카딩턴은 매년 사이클론에 시달리는 섬 지역에서 작은 클리닉을 열고 사람들에게 약을 줄 수 있기를 바랐다. 그 지역에는 사이클론 대피소가 있지만 사람들이 재해 경고를 들어도 살림살이와 소를 두고 자기 집을 떠나지 않는 것이 큰 문제였다.

닥터 카딩턴은 앞으로 작은 기독교 공동체와 이곳 정부가 선교사들의 입국에 좀 더 개방적이 되도록, 또 앞으로 사역할 장소를 위해 기도를 부탁했다.

통기 난민촌의 클리닉

카딩턴 부부와 정 선교사 가족은 10월 초 다카에서 동남쪽으로 약 400킬로미터 떨어진 바리살로 이동했다. 배를 타고 가는 데 12시간, 다카로 돌아오는 데는 물살을 거슬러 오느라 20시간이 걸리는 곳이었다. 이곳에는 벵골어 학교인 동양학원이 있었다. 선교사들은 2년간 언어를 배워야 했다.

나이든 닥터 카딩턴과 페이지 여사에게 새로 배우는 벵골어는 어려웠다. 두어 달 동안 진료에 필요한 말 정도만 배우고 의료사역이 시급한 다카로 돌아갔다. 방글라데시는 한때 영국의 식민지였기에 교육받은 사람들은 영어로 소통이 가능했다.

선교의 열정은 뜨겁고, 적은 선교비에서 언어 수업료까지 내야 하는 정 선교사 부부는 2년이나 다녀야 하는 언어수업 시간을 줄이고 싶었다. 그들은 하나님께 "학자들의 혀"와 "학자들같이 알아듣는

귀"를 달라고 울며 기도했다. 그리고 열심히 공부해 학교에 들어온 지 5개월 만에 교과서 세 권을 다 떼고 뱅골어로 설교가 가능할 정도가 되었다. 다행히 뱅골어는 한국어와 어순이 비슷했다. 그들은 이 학교가 세워진 이후 가장 짧은 기간에 가장 유창한 뱅골어 구사 능력을 가지고 졸업하는 기록을 세웠다.[6]

닥터 카딩턴은 그해 크리스마스에 두 번째 편지를 썼다.

우리는 이 나라에서 거의 두 달 동안 몇 가지 언어를 배웠지만 아직도 이곳에 있다는 것이 믿기지 않습니다. 우리는 한국의 산들이 그립습니다. 하지만 이곳은 한때 융성했던 평원과 고대 강들이 땅을 가로지르며 흐릅니다. 한국에선 도시의 모든 곳에서 교회의 뾰족탑을 볼 수 있습니다. 그러나 여기선 하나도 찾기 힘듭니다. 지난주인 10월 14일에서 20일 사이에 네 번의 휴일이 있었는데, 모두 무슬림이 지키는 금식의 달과 관련이 있습니다. 이 금식의 달에는 해가 뜰 때부터 질 때까지 아무것도 먹지 않습니다. 여성들은 사이렌이 울리는 아침 6시 이전에 가족들이 먹을 음식을 준비하기 위해 새벽 3시에 일어납니다. 저녁 6시에 또다시 사이렌이 울리고 금식이 종료되면 저녁식사를 할 수 있습니다. 온도계는 이번 달에 평균 90도(섭씨 32도)였습니다. 이 더위에 물조차 금하는 금식을 하는 것은 엄청난 고통입니다. 땀을 많이 흘리는 노동자들은 물을 마셨습니다. 우리는 이 사람들이 그리스도가 첫 번째 크리스마스에 가져온 기쁨을 알게 되길 기도합니다.

콜레라와 굶주림으로 고통받는 사람들에 대해 보고된 수치는 빙산의 일각에 불과합니다. 아주 일부만 알려진 것입니다. 이들의 비참함을 볼 때 우리는 낙담하기 쉽습니다. 악마는 벵골 사람들의 삶을 믿을 수 없을 만큼 힘들게 몰아넣고 우리가 할 수 있는 게 과연 있긴 한가, 의심하도록 유혹하고 있습니다! 보혜사가 이곳 사람들에게 인간이 도저히 헤아릴 수 없는 평화를 주실 수 있고, 어제와 오늘, 그리고 영원히 변함없는 예수님께서 행하신 기적들에 대한 우리의 믿음이 흔들리지 않도록 함께 기도해 주십시오.[7]

그는 아들과 딸에 대한 소식도 전했다. 큰아들 내외 허버트와 수잔은 첫 손녀 레베카를 낳았고, 뉴욕병원에서 간호학교 마지막 학년을 보내고 있는 큰딸 줄리는 돈을 마련해 다음 해 1월, 방글라데시에 올 계획을 세우고 있었다. 둘째 딸 메리 페이지는 사우스캐롤라이나 주의 컬럼비아 간호학교에, 둘째 아들 데이비드는 휘튼 대학에서 3학년에 다니고 있었다. 셋째 아들 루이스는 커버넌트 대학교 1학년에 들어갔다. 그의 자녀들은 방글라데시에 관심을 가지고 함께 기도하고 있었다.

1975년 4월, 마침내 닥터 카딩턴이 사역할 곳이 결정되었다. 다카에서 북쪽으로 25킬로미터 떨어진 통기라는 난민촌에 마련된 결핵 진료소였다. 방글라데시 정부는 홍수로 인해 농촌에서 도시로 몰려오는 난민들을 섬이나 도시 외곽으로 쫓아내 집단으로 수용하고 해외에서 들어오는 구호품을 배급하고 있었다. 이런 수용소가 여러 군데 있었는데 2만 4천여 명이 수용되어 있는 통기 난민촌은 그중 가장 큰 곳이었다.

닥터 카딩턴은 공동 화장실로 쓰던 2층 벽돌건물의 오물과 쓰레기를 치우고 클리닉을 열었다. 이 건물은 힌두교도 지주가 지은 건물로 방글라데시가 이슬람 국가가 되자 버리고 간 것이었다. 정 선교사 부부는 처음 이곳을 방문한 날, 눈물을 흘리고 말았다.

난민촌에는 돼지우리 같은 집들이 다닥다닥 붙어 있었다. 흙바닥 위에 천막이나 대나무로 얼기설기 엮은 두세 평 정도의 공간에서 7-8명의 식구들이 살았다. 뼈만 남은 아이들은 아무것도 입지 않고 돌아다녔다. 코를 찌르는 냄새가 멀리서도 풍겨 왔다.

통기 결핵 클리닉은 초라했다. 어두컴컴한 시멘트 바닥의 클리닉 건물 안에는 작은 수술대가 놓인 닥터 카딩턴의 진료실과 현미경이 한 개 있는 검사실이 있었다. 정 선교사는 미국의 유명한 의대를 나온 이가 가난한 한국에서 25년을 봉사하고 더 가난한 나라인 방글라데시에 자진해 와서 이 보잘것없는 진료소에서 나머지 생을 보내려 하는 모습에 저절로 머리가 숙여졌다.[8]

닥터 카딩턴은 자신의 병원 상황을 편지에 썼다.

우리 클리닉에는 주로 피부염(농가진, 옴), 위장장애(시겔라라는 이질균의 일종, 회충)뿐 아니라 결핵, 한센병, 영양실조 등을 앓는 아이들과 그 아이들의 엄마들이 오고 있으며, 그들을 치료하기 위해 우리는 매일 클리닉에 출근하고 있습니다. 병세가 심각한 사람들은 다카의 병원으로 데려옵니다. 이곳의 사역은 매우 흥미롭고 도전적입니다. 기독교 서적을 공개적으로 사용할 수 없지만, 어찌 되었든 이곳 사람들의 90퍼센트는 문맹입니다. 공공연히 설교도 할 수 없습니다. 그러나 병원 직원이 개별적으로 그리스도에 대해 환자와 이야기는 나눌 수 있습니다. 우리가 난민촌 안에 있는 많은 사람들에게 다가갈 수 있기를, 그리고 많은 사람들이 그리스도를 알게 되기를 기도해 주세요. 우리는 이것이 방글라데시의 새로운 기회의 날이라고 믿습니다.[9]

가느다란 희망들

1975년 8월 15일, 방글라데시에서 유혈 군사쿠데타가 일어났다. 선교사들은 통행금지에 묶여 있었다. 닥터 카딩턴은 통기 클리닉과 급식소, 엑스레이 기기의 구입, 그리고 방글라데시의 새 정부를 위해 기도를 부탁했다. 좋은 소식은 그가 전도한 허브라는 청년이 교회를 찾아온 것이었다. 그 청년은 무슬림이었고 똑똑한 벵골인 기자였다.[10]

암담한 정세 가운데서도 선교사들은 가느다란 기회들을 찾아내고 있었다. 루터교는 1년 넘게 거절당했던 기독병원 설립의 허가를 받았고, 성서공회는 처음으로 벵골어 성경을 100만 권 펴낼 계획을 세웠다.

닥터 카딩턴과 직원들은 병원에 왔던 환자들이 초청한 인근 다섯 개의 마을에 다녀오기도 했다. 닥터 카딩턴 일행은 야자 돗자리에 앉은 15-20명 정도의 사람들 앞에서 그들이 믿는 꾸란에서도 예수를 메시아라고 한다는 사실을 알려 주었다. 그들은 이곳에서 쌀과 버터 오일로 만든 밥과 달콤한 쌀 푸딩으로 맛있는 식사를 했다.

통기 클리닉에는 25명의 직원들이 있고 매일 150여 명의 환자들이 오는데 절반은 난민촌, 절반은 인근 마을에서 오는 환자들이었다. 닥터 카딩턴은 작은 형광투시 엑스레이 장치로 60여 명의 결핵 환자들을 발견해 치료를 시작했다. 화농성수막염을 앓고 있던 아기를 암피실린으로 회복시켰다.

병원을 열고, 과부들을 돌보고, 구호물품을 나눠 주고, 병상의 환자들을 방문하는 등 기독교인들의 열심에도 불구하고 이곳 사람들은 거의 아무런 반응이 없었다. 그는 "성령이 역사해 많은 사람들이 그리스도께 진정으로 돌아서게 하시기를 기도해 달라고 요청"했다.[11]

1976년 6월, 월드비전의 창시자이자 닥터 카딩턴과는 한국에서부터 20년지기 친구인 밥 피어스 박사(Dr. Bob Pierce)가 방문해 이틀 동안 머물렀다. 피어스 박사는 백혈병으로 살 수 있는 시간이 얼마 남지 않았지만, "사마리아인의 지갑"이라는 후원단체를 통해 방글라데시의 많은 프로젝트를 돕고 있었다.

닥터 카딩턴의 큰딸 줄리도 방글라데시에 와서 아름다운 벵골어의 매력에 빠지기 위해 언어학교로 떠날 예정이었다. 한국에서 같이 왔던 정성균 선교사는 통기 클리닉을 떠나 가난한 아이들을 위한 학교를 세우는 일에 뛰어들었다. 페이지 여사는 영어를 할 줄 아는 청소년, 중국인, 앵글로 인디언, 벵골인 등이 모이는 주일학교를 운영했다. 다카의 대학병원을 다니며 환자 방문사역을 하는 침례교 평신도 폴리아 씨의 전도로 몇몇 환자들이 그리스도를 찾게 되었다.

클리닉에서 매주 열리는 난민촌 사람들을 위한 일요예배는 계속 성장하고 있었고, 통기 클리닉 옆에 새로운 벽돌건물이 들어서면 그곳에서 가족계획 프로그램인 크리스천헬스프로젝트가 활성화될 것이었다.[12]

어느덧 통기 클리닉이 문을 연 지 1년 반이 지났다. 매일 클리닉을 열고 매주 예배를 드렸다. 예배에는 약 60여 명이 왔다. 모두가 기독교인들은 아니었다. 이슬람 공동체는 노골적으로 '개종을 요구'하지 않는다면 예배를 드리는 것까지는 허락했다. 스콧 스미스와 함께 농업 프로젝트를 하고 있는 피나라는 기독교인 청년의 말을 듣고 11명이 찾아온 것이 가장 고무적인 일이었다. 그러나 닥터 카딩턴은 기독교인들이 지나치게 활발히 움직이면 이슬람 공동체의 강력한 반발을 살 수 있으므로 기독교교육을 위한 대나무 집을 지을 계획을 세웠다.

방글라데시 사람들이 기독교에 관심이 높아진 것은 닥터 가딩딘이 맡고 있는 병원과 남침례교에서 만든 물고기 양식장, 구세군이 지은 새로운 집 등 구호 활동의 결과였다.[13]

미국에서 새로 온 닥터 테드와 샤론 쿤(Dr. Ted & Sharon Kuhn) 부부와 스콧 스미스, 줄리 카딩턴은 알라디푸르에 새롭게 연 공동체 프로젝트에 참여했다. 그들은 이곳에서 농업과 함께 기초의료 서비스를 제공할 예정이었다.[14]

어둠 속에서 아주 작은 소망들이 끊이지 않는 것은 하나님의 사랑이 그들과 함께하고 있다는 증거였다.

사과궤짝 침대, 피넛버터, 그리고 뱀부 의자 하나

그곳을 어떻게 표현할 수 있을지 이용웅 선생은 차마 말을 할 수 없었다. 의사인 그가 처음 보는 초기부터 말기에 이르는 각종 한센병 환자들, 결핵 환자들, 영양실조로 배만 볼록하고 눈이 퀭한 아이들, 그리고 설사와 탈수로 죽어 가는 아기들이 뒤엉켜 있었다.

콜레라 환자들의 참상은 눈뜨고 볼 수가 없었다. 엉덩이 부분에 구멍이 뚫린 병상 밑으로 설사가 수돗물처럼 쏟아지고 있었다. 지독한 냄새에 구역질을 하면서도 이 선생은 자기도 모르게 울고 있었다. 어린 아기들에게 쓰는 작은 바늘이 없어 수액을 넣을 수가 없었다. 이용웅 선생과 함께 간 최고의 외과의사 설대위(Dr. David J. Seel) 전주 예수병원 원장이 아기의 혈관을 절개해 수액을 넣어 봤지만 아기는 허망하게 죽고 말았다. 그곳은 닥터 카딩턴이 연 통기 클리닉이었다.

설대위 원장은 전주 예수병원 내과의사인 이용웅 선생이 의료선교에 관심이 있다는 것을 알고 1976년, 태국과 방글라데시, 인도네시아와 필리핀까지 함께 답사하며 앞으로 의료선교를 펼칠 지역을 결정하기로 했다. 태국을 거쳐 도착한 방글라데시에서 그들은 더 이상 다른 지역을 방문하는 것은 의미가 없음을 알았다. 그들은 다른 후보지역을 둘러보지도 않고 한국으로 돌아왔다. 이용웅 선생의 선교지는 방글라데시가 되었다. 그는 대한예수교장로교총회 통합 측 첫 번째 해외 의료선교사가 되어 1979년 2월에 파송되었다. 허리 디스크 수술을 받은 지 얼마 안 된 몸에 복대를 차고 아내 박수인 선교사와 어린 두 아이들과 함께 방글라데시로 갔다.

통기 클리닉 안은 어두컴컴했다. 수시로 전기가 나가기 때문에 호롱불을 켰다. 1층 건물 주위로 함석지붕을 두르고 환자들 대기실과 임시 병실로 썼다. 소독은 베트남전에서 쓰던 야전용 압력솥 같은 것에 물을 붓고 불을 때서 했다. 엑스레이 기기는 하나 있었지만, 필름이 귀해 쓰지 못했다. 닥터 카딩턴은 납이 든 앞치마를 두르고 천정에 매단 형광판을 끌어내려 환자의 가슴에 대고 엑스레이를 작동시켜 폐에 생긴 공동을 찾아냈다. 납이 든 앞치마를 둘렀다고 해도 이것은 정면으로 방사선을 맞는 것이라 의사에게 정말 위험했다. 그는 자신의 몸은 생각하지도 않는 것 같았다. 처음엔 이 선교사도 그렇게 했지만 나중에 그 기계를 치워 버렸다. 나중에 닥터 카딩턴이 전립선암을 앓고 있다는 말을 듣고 문득 그때가 생각났다.

통기 클리닉은 환자들에게 진료비로 1다카씩 받았다. 당시 환율로 25다카가 1달러 정도였으니 정말 적은 돈이었다. 하지만 그것마저 내는 환자는 드물었다. 하루에 많으면 200명 정도의 환자들이 왔다. 아이들은 폐렴, 설사, 기생충 감염, 파상풍에 많이 걸렸다. 이곳 산모들은 땅바닥에서 아기를 낳고 대나무로 탯줄을 자르는 관습이 있었다. 이것이 파상풍 감염의 원인이었다. 어른들은 결핵, 위장질환, 십이지장궤양, 한센병이 많았다. 10명 중 8명이 결핵 보균자였다.

진료소 앞에는 움막이 하나 있었다. 그곳에는 전 가족이 한센병에 걸린 채 살고 있었다. 이 선교사는 매일 아침저녁 그 앞을 지나며 인간의 삶이 얼마나 비참할 수 있는지 목도했다. 닥터 카딩턴과 그가 하는 의료선교가 그들에게 조그마한 도움이 될 수 있다면 더 바랄 게 없었다.

진료는 닥터 카딩턴과 이용웅 선교사, 그리고 현지인 의사가 맡았고, 남자 간호사 두 명, 여자 간호사 두 명, 검사실 직원 두 명, 매니저, 심부름과 청소하는 직원들이 있었다. 이 선교사가 한국에서 올 때 위내시경을 하나 가져왔는데 방글라데시에선 최초의 의료기였다. 다카 의과대학에서 의대생들을 앞에 두고 시연도 했는데 시연 도중 놀란 환자가 입안으로 들어간 내시경을 물어뜯는 바람에 수리히느라 오래 애를 먹었다.

이 지역은 우범지역이라 낮에만 병원을 열고 밤에는 철수했다. 에어컨이 없는 병원에서 하루 종일 환자들을 진료하다 집에 오면 입고 있던 바지가 소금기로 하얗게 얼룩이 져 있었다. 병원은 낡고 시설은 변변치 않았지만 갖출 것은 다 있었고 직원들의 분위기는 활기찼다. 다들 자부심이 있었고 함께 어울리며 행복하게 일을 했다. 닥터 카딩턴은 이곳에서도 광주기독병원에서처럼 매일 함께 모여 짧은 기도회로 진료를 시작하고 기도로 끝을 맺었다.

이용웅 선교사는 한 주는 닥터 카딩턴과 함께 통기 클리닉에서 진료를 하고, 한 주는 갠지스 강 건너 알라디푸르 지역의 차파(CHA-PA, Christian Health and Agriculture Project) 클리닉에서 일을 했다. 이곳은 미국 남장로교 선교부가 의료와 농업 선교를 하는 곳으로 다카에서 자동차와 페리로 7-8시간 걸리는 거리였다. 홍수가 나면 갠지스 강은 바다처럼 변하고 길이 없어졌다. 이 선교사도 차가 물에 빠져 큰 사고를 당할 뻔했다.

차파 클리닉은 젊은 미국인 가정의학과 의사 테드와 샤론 쿤 부부가 맡고 있었고, 신실하며 동양적 성품을 지닌 간호사 닥터 카딩턴의 큰딸 줄리가 일을 도왔다.

차파에는 복수가 차는 열대 기생충 질환과 개나 야생동물, 독사에 물린 환자들이 많았다. 진료소에도 코브라 두 마리가 나타나 큰 소동이 일어났었다. 닥터 쿤이 꽃나무를 심었는데 그 향기를 맡고 온 것이라고 했다. 횃불까지 들고 샅샅이 뒤진 끝에 결국 두 마리를 다 잡았다.

미국 에모리 의대를 나온 여의사 페티 준은 밤에 자다가 천정에서 모기장 위로 뱀이 떨어져 놀란 후, 뱀의 천적인 몽구스를 애완동물로 키우기까지 했다.

차파 클리닉에서 일하는 젊은 보조원 안사리는 이슬람에서 기독교인으로 개종한 사람이었다. 아내는 힌두교 배경의 기독교인이었다. 안사리의 아버지는 마을 이슬람 지도자였는데 아들이 기독교인이 되자 그를 독살하려 했다. 이를 안 할머니가 손자를 피신시켜 안사리는 겨우 목숨을 건질 수 있었다. 안사리 부부가 잘생긴 아들을 낳고 고향을 방문했으나 여전히 아버지가 죽이려고 해서 멀리 떨어진 이곳으로 숨었다고 했다. 방글라데시에서 기독교 선교와 개종은 목숨을 걸 만큼 위험하고 힘든 사역이었다.

닥터 카딩턴과 페이지 여사가 사는 집에 이용웅 선교사 부부가 묵은 적이 있었다. 이 더운 나라에서 에어컨도 없고, 방충망도 없어 모기가 밤새 물었다. 페이지 여사는 뇌하수체 기능이 약해 땀을 많이 흘리며 힘들어 했다. 그래도 미소를 잃지 않고 닥터 카딩턴을 조용히 도왔다. 카딩턴 부부는 사과궤짝을 이어붙인 침대에 요 하나를 깔고 잤다. 이 선교사와 아내도 카딩턴 부부의 소박한 삶을 본받고 싶어 처음 정착할 때 싸구려 사과궤짝 침대를 썼다. 그런데 밤이면 어디선가 찍찍대는 소리가 나고 아침이면 바닥에 톱밥이 소복하게 쌓여 있었다. 벌레가 나무 침대 안에 살고 있었던 것이다. 그 소리가 신경 쓰이고 위생에도 좋지 않아 이 선교사는 결국 침대를 바꾸었다.

카딩턴 부부는 식사도 아주 간단히 했다. 감사기도와 함께 먹는 것은 피넛버터 바른 빵 한두 쪽과 바나나, 그리고 인도 커피가 전부였다. 식사 후, 닥터 카딩턴은 자전거를 타고 다카 시내를 돌아다니며 벵골어와 우르두어로 된 전도지를 나눠 주었다. 이슬람 국가의 공공장소에서 기독교 문서를 돌리다간 봉변을 당하거나 추방되고 잘못하면 죽을 수도 있었다. 통기 클리닉에서 가까운 샤바 지역의 한 기독교 전도자가 꾸란을 변소에 넣었다는 누명을 쓰고 폭도들에게 죽임을 당한 사건도 있었다.

그러나 닥터 카딩턴은 예외였다. 이 나라에서 공공연히 전도지를 뿌리는 사람은 오직 닥터 카딩턴 말고는 없었다. 아무도 그를 잡지도, 문제 삼지도 않았다. 그는 방글라데시 사람들을 사랑했고, 방글라데시 사람들도 그를 존경하고 사랑했다. 인도에 마더 테레사가 있다면, 방글라데시에는 닥터 카딩턴이 있었다.

닥터 카딩턴의 집 앞에는 늘 구걸하는 사람들과 환자들이 진을 쳤다. 일주일에 하루, 닥터 카딩턴은 자기 집 앞에 무료 진료소를 차렸다. 심지어 그들을 위한 임시 숙소도 있었다. 닥터 카딩턴은 아침부터 그들을 진료하고 골고루 돈을 나눠 주었다. 이곳 사람들은 습관적으로 구걸을 하니 도울 필요가 없다고 주위에서 충고를 했다. 닥터 카딩턴의 대답은 여전했다.

"백 명 중 한 명은 꼭 필요해서 오는 사람입니다. 아흔아홉 명에게 속아도 그 한 사람을 위해 모두 도와줘야 합니다."

닥터 카딩턴은 그들을 환자가 아닌 친구로 대했다. 이름을 불러 주고, 잘 지내고 있는지 물었다. 약값은 그가 개인적으로 부담했다.

주 안에서 기뻐하라

선한 일을 한다고 해서 누구나 선의로 갚는 것은 아니다. 한번은 통기 클리닉으로 난민촌 사람들이 몰려와 폭동을 일으켰다. 통기 클리닉에 근무하는 현지인 직원이 시장에서 물품을 구매할 때 비싸게 산 것처럼 가짜 영수증을 끊고 그 차액을 챙겼다는 것이었다. 그들의 주장은, 그 돈은 난민촌 사람들을 위해 외국에서 원조한 것이니 자기들에게도 돈을 달라는 것이었다.

특히 까말이라는 폭력배는 여러 번 병원에 들어와 협박을 일삼았다. 점퍼 속에 총인지 칼인지를 품고 이용웅 선교사의 머리 가죽을 벗겨 버리겠다고 위협했다. 그때마다 이 선교사는 "병원을 철수하겠다"고 맞섰다. 어느 날인가, 2층에서 진료를 보고 있는데 또 까말이 들이닥쳤다. 한없이 온유한 닥터 카딩턴도 더 이상은 참을 수 없었는지 까말을 붙들어 2층에서 아래층으로 거칠게 끌어냈다. 그런 모습은 그날이 처음이었고 다시는 볼 수 없었다.

이 선교사는 부정을 저지른 직원과 모르핀을 빼돌리고 물을 채워 넣은 벵골인 간호사를 해고했다. 난민촌 사람들이 몰려와 항의한 내용에 일리가 있다고 생각했기 때문이다. 이후로 더 이상의 폭동은 일어나지 않았다.

시간이 얼마간 흐른 후였다. 우연히 침례교 선교부가 경영하는 양어장에 갔다가 그곳에서 이 선교사가 해고했던 직원이 일하는 모습을 발견했다. 닥터 카딩턴이 그를 그곳에 취직시켜 준 것이었다. 그는 모르핀을 훔쳤던 벵골인 간호사마저 돌보고 있었다. 가난한 방글라데시에서 일자리가 없어진다는 건 생계가 끊어진다는 것을 의미했다. 직업이 곧 생명이었다. 무슬림 국가에서 명목상이라도 기독교인으로 산다는 것이 정신적으로나 사회적으로 얼마나 힘든 일인지 잘 아는 닥터 카딩턴은 그들의 허물을 덮어 주고 살길을 마련해 주었다.

1980년 5월부터 1년간 닥터 카딩턴은 안식년을 가졌다. 6월에는 둘째 딸 메리 페이지가 사우스캐롤라이나 클린턴의 장남 허버트가 목사로 있는 교회에서 결혼식을 올릴 예정이었다. 장남 허비는 1월 달에 방글라데시에 잠시 방문했다. 그는 이곳에 수백만 마리의 작은 염소들이 있지만 좋은 우유를 생산하는 염소가 거의 없는 것을 보고 '염소 우유 프로젝트'를 계획했다.

한 가지 놀랄 만한 일은 방글라데시의 대형 일간지에 누가복음의 부활절 이야기가 실린 것이었다. 미국 남장로교의 한 장로가 후원한 덕분이기는 하지만, 무슬림 국가에서 전국으로 나가는 신문의 한 면에 벵골어로 된 성경 이야기가 나갔으니 얼마나 놀라운 일인가?

페이지 여사는 '가정선교'와 영어를 사용하는 앵글로-벵골 공동체 내의 젊은이들과 함께하는 사역을 하고 있었다.[15]

닥터 카딩턴이 안식년으로 미국에 들어간 후 통기 클리닉을 맡은 이 선교사는 진료소 2층 복도 한쪽을 막아 지역사회 보건과를 만들었다. 닥터 카딩턴도 지역보건에 대한 관심이 높았다. 마침 전주 예수병원의 간호사로 있던 박혜인 선교사가 와서 이 업무를 맡았다. 전주 예수병원의 지역사회 보건과에서 일한 경험이 있는 박 선교사는 난민촌 내에 가장 문제가 심각한 신생아와 산모의 파상풍을 막기 위해 면도칼과 소독 솜, 탯줄을 묶는 실을 한 세트로 만들어 나눠 주고 현지 산파들을 모아 안전교육을 시켰다. 이 사업은 파상풍 예방접종과 어린이 영양교육 등과 함께 성과가 있어 파상풍 환자가 눈에 띄게 감소했다.

진료소의 환경도 개선했다. 건물 내외 벽을 수리하고, 특선 전기를 끌어와 정전을 막았다. 생화학 검사를 할 수 있는 병리검사실과 간단한 수술실도 마련했다. 분만 후 출혈이 심한 산모의 자궁에 남아 있던 태반을 꺼내 준 일, 말기 대장암인 줄 알았던 여성 환자가 장결핵임을 발견해 건강을 회복하게 한 일, 굶주림으로 분노가 심했던 정신질환자를 머리도 감겨 주고 따뜻하게 간호했더니 정상으로 돌아온 일이 이 선교사는 가장 기억에 남았다.

닥터 카딩턴은 작은 학교도 인계하고 갔다. 가난해서 학교도 못 가고 길거리에서 맨발로 땔감과 쓰레기를 줍는 아이들을 위해 페이지 여사가 만든 학교였다. 페이지 여사는 15인승 자동차도 주고 갔다. 이 선교사의 아내 박수인 선교사는 30명 쯤 되는 아이들을 오전반, 오후반으로 나눠 비스와스라는 현지 청년과 함께 영어와 수학, 벵골어를 가르쳤다. 아이들은 망고나무 밑 함석지붕에 벽도 없는 이 학교에 자부심을 가지고 매일 등교했다. 처음으로 차를 타고 다카 동물원에 소풍 가는 날, 아이들은 자기 옷 중에 가장 깨끗한 것을 입고 들뜬 얼굴로 왔다.

그해 크리스마스가 다가올 무렵이었다. 카딩턴 가의 가족들은 크리스마스를 함께 보내기 위해 사우스캐롤라이나 클린턴에 모여 있었다. 22일 밤이었다. 애쉬빌에 있는 선교기념병원의 간호사인 닥터 카딩턴의 큰딸 줄리가 오후 3시부터 밤 11시까지 근무를 마치고 집에 돌아오던 길이었다. 술에 취한 운전자가 그녀를 치고 말았다. 부모님을 따라 방글라데시에서도 사역했던 신실하고 아름다웠던 줄리는 그날 밤 천국으로 갔다.

이 슬픈 소식에 닥터 카딩턴은 숨이 멎는 것 같았다. 그러나 곧 하나님을 믿는 믿음으로 평안을 되찾아 갔다.

"줄리는 주님과 함께 있구나."

하나님을 향한 그의 신뢰는 어떤 것으로도 흔들 수 없었다.

이용웅 선교사도 이 소식을 들었다. 닥터 카딩턴에게 위로의 편지를 보냈다. 답장에는 이렇게 쓰여 있었다.

"그리스도 안에서 모든 것을 기뻐합시다!(Rejoice in all problems in Christ!)"

한국에서는 막내 필립을 잃었고, 방글라데시 사역 중에는 큰딸 줄리를 잃었다. 자식을 잃는 말할 수 없는 슬픔을 두 번이나 겪었지만, 하나님을 향한 그의 믿음과 신뢰는 변함없었다. 고통을 이기는 힘은 어떤 상황에 처했더라도 예수님 안에서 기쁨을 잃지 않는 것이었다.

닥터 카딩턴은 안식년을 마치고 다음 해 선교지로 복귀했다.

미스 박, 문제를 즐기세요

박혜인 선교사가 닥터 카딩턴을 처음 만난 것은 방글라데시 그의 집에서 열린 이용웅 선교사 환송모임에서였다. 닥터 카딩턴이 안식년에서 돌아오자 이번에는 이 선교사가 안식년을 떠나게 되었다. 닥터 카딩턴은 갓 파송된 박 선교사를 다른 사람들에게 이렇게 소개했다.

"미스 박은 광주 사람이고, 나도 광주 사람입니다. 우린 방글라데시에서 함께 일하는 선교사입니다."

어려도 한참 어린 신입 선교사를 그는 동료로 세워 주었다. 그 모임에서 페이지 여사는 한국어로 다정하게 박 선교사에게 말을 걸었다.

"미스 박, 우리 같이 살아요."

그동안 미혼의 박 선교사는 이용웅 선교사 가족과 살았는데 여자 혼자 지내기에는 위험한 곳이라 이번에는 닥터 카딩턴이 자기 집에서 지내도록 배려한 것이다. 박 선교사는 2년 동안 닥터 카딩턴의 집에서 살게 되었다.

박 선교사는 전주 예수병원의 간호사로서 1980년 대한예수교장로회 선교사로 방글라데시에 파송되었다.

그녀는 통기 클리닉에서 지역사회 보건사업을 했다. 난민촌을 일곱 구역으로 나누어 하나하나 이름표를 붙여 산모와 어린이, 결핵 환자들을 관리했다. 특별히 5세 미만 어린이의 예방접종과 영양을 담당하는 클리닉을 운영했다. 나중에 일본 출신 선교사가 객관적인 평가를 내렸는데 신생아 파상풍 환자가 많이 줄어든 것으로 나타나 진심으로 뿌듯해 했다.

통기 난민촌에서는 '방글라데시의 친구들(FOB, Friends of Bangladesh)'의 후원으로 과부사역도 하고 있었다. 방글라데시에서 가장 가난하고 가엾은 사람은 과부들이었다. 그들은 직업을 얻을 수 없어 아이들과 함께 거리에서 구걸을 했다. 과부들은 이곳에서 매일 성경공부를 하고, 자수와 수공예를 배워 제품을 만들어 팔았다. FOB를 이끄는 페이스 윌라드(Faith Willard)는 오랫동안 닥터 카딩턴을 후원했다.

"내 영혼아 여호와를 송축하라. 내 속에 있는 것들아 다 그의 거룩한 이름을 송축하라."

시편 103편은 카딩턴 부부가 가장 애송하던 성경 구절이다. 새벽예배를 드릴 때도, 아침 7시 소박한 아침식사 자리에서도 시편 암송으로 시작했다. 아침식사 후 박혜인 선교사는 한 시간 넘게 걸리는 통기 클리닉으로 출근을 하고, 닥터 카딩턴은 자전거를 타고 올드다카에 가서 전도지를 뿌렸다. 집으로 돌아오는 길에 종종 영국 도서관에 들려 책을 빌려 왔다. 그는 독서광이었다. 성경뿐 아니라 다른 책도 많이 읽었다. 손에는 늘 책이 들려 있었다. 그는 점심을 먹고 오후 한 시경 통기 클리닉으로 와서 저녁까지 일을 하고 집으로 갔다. 그의 나이는 이미 61세였다.

한번은 통기 클리닉으로 걸인 한 명이 들어왔다. 정신적으로 문제가 있는 사람인데 이루 말할 수 없이 더러운 데다가 냄새 때문에 머리가 다 아플 정도였다. 박 선교사가 선뜻 그 환자에게 다가가지 못하자 닥터 카딩턴이 웃으면서 말했다.

"미스 박, 옛날엔 한국도 이랬어요."

젊은 세대인 박 선교사는 알 리 없지만, 닥터 카딩턴은 기억하고 있었다. 그는 환자를 우선 목욕부터 시키고 진료를 보았다.

허락 없이 자기 아내에게 수술을 시켰다고 칼을 들고 온 남자도 있었다. 태아가 누워 있어 급히 다카 대학병원으로 옮겨 제왕절개를 시킨 산모의 남편이었다. 다행히 산모가 무사했고, 기쁘게도 남자 아기가 나왔으며, 더 좋은 소식은 그 남편에게 일자리가 생겼다는 것이었다. 그것도 통기 클리닉의 청소부로. 칼을 들고 해치러 온 남자에게 일자리를 주는 것은 흔한 일이 아닐 것이다. 예수님의 사랑이 모든 것을 이기는 곳에서만 있을 수 있는 일이었다.

페이지 여사는 통기 클리닉을 처음 열었을 때 간호사로 일하고, 그 후엔 길거리 아이들의 학교를 운영했다. 방글라데시는 여름에는 덥고 1, 2월이면 날씨가 쌀쌀했다. 닥터 카딩턴의 집에는 에어컨도 없고 온수도 나오지 않았다. 페이지 여사는 주전자에 물을 데워 양동이에 옮겨 샤워를 했지만 한 번도 불평하지 않았다. 사는 것도 검소해 부부가 쓰는 방에는 소박한 침대와 여행 다닐 때 갖고 다니는 손잡이 달린 검은 궤짝이 전부였다.

카딩턴 부부는 서로에게 다정했다. 진심으로 사랑하는 것이 느껴졌다. 두 사람은 하루에 있었던 사소한 이야기들을 나누며 아침처럼 간단한 저녁식사를 했다.

카딩턴 부부는 남에 관한 이야기는 전혀 하지 않고 누구도 판단하지 않았다. 박 선교사에게도 늘 하는 말이 있었다.

"미스 박의 하나님께서 미스 박의 일을 하게 하실 것이고, 미스 박이 갖고 있는 능력만큼 일을 잘할 수 있는지 오직 그것만 보실 것입니다."

그들은 종교, 교파, 교단을 넘어 가난한 사람들에게 도움이 되면 누구하고도 협력했다. 이런 너그러운 태도가 개성이 강한 선교사 사이에서도 불화를 일으키지 않고 조화를 이루며 오랫동안 하나님의 사역을 할 수 있게 했던 것 같다.

닥터 카딩턴은 위기의 순간에도 당황하거나 염려하지 않았다. 한 번은 미국 선교부로부터 예산이 부족해 통기 클리닉을 닫겠다는 통보가 왔다. 박 선교사는 무슨 대책을 세워야 하나 고민하고 있는데 닥터 카딩턴과 페이지 여사는 평안했다.

"미스 박, 문제를 즐기세요. 문제가 있다는 것은 하나님께서 관심을 가지고 역사하신다는 뜻이니 염려하지 맙시다. 아무튼 기도합시다."

세 사람은 손을 잡고 사역이 중단되지 않도록 기도했다. 통기 클리닉은 계속되었다.

안식년을 나갔던 이용웅 선교사가 돌아오자 닥터 카딩턴은 통기 클리닉을 이 선교사에게 맡기고 자신은 더 험악한 올드다카 텔레구에 작은 진료소를 차렸다. 올드다카는 너무 쉽게 살인이 일어나는 곳이었다. 선교부에서도 너무 위험하다고 허락하지 않았다. 그럼에도 불구하고 닥터 카딩턴은 그곳에 들어가 진료를 시작했다. 공식 은퇴 후 선교부의 지원이 끊기자 닥터 카딩턴은 부모에게 받은 유산과 친구들의 후원금을 모두 이 클리닉을 위해 썼다. 무모해 보이는 그 일을 닥터 카딩턴은 꿋꿋하게 밀고 나갔다. 그가 믿는 하나님은 사람들의 잣대와는 다르게 역사하신다는 것을 그는 알고 있었다.

텔레구 클리닉

1985년 1월, 닥터 카딩턴은 공식적으로 선교 사역에서 은퇴했다. 그러나 개인 자격으로 방글라데시 사역은 계속하기로 했다. 그는 자신의 후원자들에게 편지를 보내 이 사실을 알렸다. 그는 통기 클리닉이나 차파 클리닉과 같은 선교부의 정규 프로그램에서는 일하지 않고 1년에 4-6개월 동안만 방글라데시에서 진료를 하기로 했다. 페이지 여사는 은퇴 선교사들이 살고 있는 노스캐롤라이나 블랙마운틴에 머물며 92세 된 어머니를 돌보았다.

닥터 카딩턴은 개인 후원자들에게 재정 상황도 알렸다. 자신은 은퇴 수입으로 살 수 있지만 항공비와 약값 등 의료 예산에 대한 도움을 청했다. 교회의 국제선교 예산은 받지 않고 개인 후원만 받겠다고 했다.[16] 이후, 닥터 카딩턴은 FOB와 몇몇 개인 후원으로 사역을 이어 갔다.

그가 올드다카의 텔레구에 차린 진료실은 다카의 기차 종착역이 있는 곳이었다. 방글라데시에 사는 인도계 텔레구족은 다카에서도 가장 가난한 사람들로 주로 쓰레기를 주워서 먹고살았다. 닥터 카딩턴이 대나무로 엮은 초라한 진료소에서 혼자 진료하는 이곳을 사람들은 1다카 클리닉 또는 뱀부 클리닉이라고 불렀다. 불렀다. 그 적은 진료비마저 내는 사람이 거의 없었다.

콤스의 요청으로 방글라데시 통기 클리닉의 외과의사로 온 강원희 선교사는 올드다카에서 닥터 카딩턴을 만났다. 30년 만의 재회였다. 그는 강원희 선생의 인턴 시절 제중병원에서 보았던 것처럼 가난한 사람들에게 둘러싸여 진찰을 하고 있었다.

강원희 선교사는 1961년 연세대 의대를 졸업하고 전주 예수병원으로 인턴을 나갔다. 처음 배치된 곳이 닥터 카딩턴의 제중병원 결핵내과였다. 그와의 운명적인 만남이었다.

처음 본 닥터 카딩턴은 참 독특했다. 그는 새벽기도를 하고 6시가 되기 전에 병원에 출근해 간호사와 함께 회진을 마칠 때가 많았다. 오전 진료를 마친 후에는 점심도 거르고 자기 방에서 기도하는 것도 여러 번 보았다. 퇴근 길, 병원에서 길 하나만 건너면 집인데, 그 길은 손수레가 많이 다니는 가파른 고갯길이었다. 잠시 쉬어 가려고 사람들이 서 있으면 닥터 카딩턴은 집에 가다말고 그들에게 전도지를 돌렸다.

주말이면 이동진료를 나가는데 강 선생도 자원해서 따라갔다. 비가 와도 쉬지 않았다. 한번은 비가 억수로 쏟아져 마을로 들어가는 길이 끊겼다. 차는 들어갈 수 없었다. 강 선생은 의사 가운을 입은 채 지게를 빌려 와 약을 지고, 닥터 카딩턴은 짐을 들고 진흙탕 물속을 아무렇지도 않게 걸어갔다. 동네에서 말아 주는 국수도 가리지 않고 그렇게 맛있게 먹었다.

축호전도라고 집집마다 다니면서 복음을 전하는 것인데 미국사람인 닥터 카딩턴이 문을 두드리면 사람들이 예의상 대문도 열어 주고 전도지도 받아들었다. 강 선생은 그런 서양 선교사를 처음 보았다. 이성적으로 생각해 볼 때 그렇게 전도해서 누가 예수를 믿겠나, 할 것이다. 하지만 놀랍게도 어떤 모임에서 한 청년이 예수님을 믿는다고 해서 어떻게 영접하게 되었냐고 묻자 그 청년이 대답했다.

"길에 떨어진 전도지를 주워 읽고 교회에 나가게 되었습니다."

닥터 카딩턴이 뿌린 전도지였다.

제중병원 진료실에서 닥터 카딩턴이 환자 진찰을 끝내고 으레 하는 말이 있었다.

"50원 없지요?"

환자는 냉큼 받는다.

"없지요."

이미 닥터 카딩턴은 차트에 "free"라고 쓴다. 병원 앞 가게에서는 닥터 카딩턴에게 가난하게 보이려는 환자들에게 허름한 옷을 빌려 준다는 말도 돌았다. 월급을 받으면 닥터 카딩턴은 병원 사회부에 가서 얼마를 내놓았다.

"어려운 사람 주세요."

직원들이 답답해 했다.

"어려운 사람 1호가 원장님이세요."

강 선생은 처음 보는 이상한 의사요, 선교사인 닥터 카딩턴을 진심으로 존경하게 되었다. 그러나 자신이 진짜로 선교사가 되어 방글라데시아에서 그를 다시 만나게 될 줄 그땐 몰랐다.

강원도 간성에서 개원하여 잘나가던 그는 49세 때 병원 문을 닫았다. 선교사로 나가기 위해서였다. 그는 연세대 의대 출신 선교사 1호가 되었다. 사람들은 미쳤다고 했지만, 그는 하나님께 받은 은혜를 갚는다는 후련한 심정이었다. 그는 첫 사역지인 네팔 선교를 마치고 1987년, 콤스의 요청으로 방글라데시로 왔다.[17]

강원희 선교사는 외과의사라 여러 모로 도움이 되었다. 정형, 신경, 흉부외과에 관한 크고 작은 수술도 하고 아기도 잘 받았다. 등에 혹이 기둥처럼 솟아 잘못하면 암이 될 것 같은 사람을 통기 클리닉에 데려와 깨끗하게 수술을 해주었다. 그것이 좋게 소문이 나서 멀리서도 환자들이 왔다.

1990년 이라크가 쿠웨이트를 침공하고 이듬해 1월, 미국이 주축이 된 다국적군이 이라크를 공격하자 이슬람 국가인 방글라데시에서는 기독교인들을 죽이자는 전단이 나돌았다. 그도 조심하느라 하루는 통기 클리닉에 나가지 않았다. 그러나 다음 날, 그는 담대하게 차를 몰고 통기 클리닉으로 갔다. 난민촌 사람들도 강 선교사가 기독교인이라는 것을 다 알고 있었다. 만약 그들이 적대시한다면 그에게 돌을 던지거나 몽둥이로 공격을 할 것이었다. 각오를 하고 난민촌에 들어섰는데 사람들이 길을 열어 주고 돌도 날아오지 않았다. 통기 클리닉을 만든 닥터 카딩턴이나 이용웅 선교사가 그들을 사랑으로 진료했고, 강 선교사 역시 진심으로 그들을 섬긴다는 것을 알아주는 것 같았다.[18]

닥터 카딩턴은 스쿠터를 타기에도 어려워 보일 정도로 여위었다. 그래도 아침이면 여전히 대바구니에 전도지를 싣고 다니며 길에 뿌렸다. 아이같이 천진난만하게 웃으며 전도하는 그는 그 순간이 가장 행복해 보였다.

얼마 후, 강 선교사는 임기를 마치고 방글라데시를 떠났다. 그 후 스리랑카와 에티오피아, 네팔 등지에서 35년을 선교사로 사역했다.

그가 인생에서 가장 잘한 것은 선교사가 된 것이고, 가장 후회하는 것은 너무 늦게 선교사로 나간 것이다. 그가 선교 사역 가운데 깨달은 것은 하나님은 진실로 살아계시며 역사하신다는 것이다. 50년간을 가장 비참한 곳에서 선교한 닥터 카딩턴은 살아계신 하나님이 보여 주시는 수많은 기적들을 경험했을 것이다. 그보다 더 행복한 삶이 어디에 있겠는가?

기쁨으로 단을 거두리라

"LOVE BANGLADESH."

1998년 10월, 광주기독병원 의료선교팀은 7박 8일의 일정으로 방글라데시에 도착했다. 그들은 벵골어와 영어로 "방글라데시를 사랑합니다"라고 쓴 플래카드를 들고, 티셔츠를 입고, 가슴에는 닥터 카딩턴의 얼굴이 인쇄된 배지를 달았다. 공항에는 슬리퍼에 발목 위로 올라간 바지를 입은 백발의 닥터 카딩턴이 직접 마중을 나왔다. 78세인데도 정정해 보였다.

뱀부 클리닉으로 불리던 닥터 카딩턴의 진료소는 올드다카에서도 가장 가난한 텔레구족 지역에 있었다. 텔레구족은 불가촉천민으로 쓰레기 더미 사이에서 살았다. 파리 떼는 들끓고 아이들은 맨발로 다녔다. 공항에서 올드다카까지 가는 길가에는 6.25전쟁 직후 걸인들이 살던 우리나라 다리 밑의 움막들이 가득했다. 선교팀이 방글라데시에서 처음 느낀 것은 닥터 카딩턴은 자신이 꼭 바라던 곳으로 왔다는 것이었다.

"우리는 닥터 카딩턴을 광주의 성자라고 부르는데 여기서는 뭐라고 부르나요?"

선교팀원들이 묻자 닥터 카딩턴이 다카에서 처음으로 열었던 통기 클리닉에서부터 함께했다는 현지인 임상병리사가 말했다.

"그는 하늘에서 내려온 분입니다."

임상병리사는 자신의 테이블에 닥터 카딩턴의 사진을 붙여 놓고 있었다. 그는 자신이 겪은 이야기를 들려주었다.

"제가 직원들에게 줄 봉급을 은행에서 찾아가지고 오는 길에 강도를 당했어요. 그 돈을 다 뺏겼지요. 저는 절망했어요. 일자리도 잘릴 거라고 생각했지요."

그러나 닥터 카딩턴은 이렇게 말했다고 한다.

"괜찮습니다. 그 사람 돈이 필요해서 가져갔을 겁니다."

일정을 마치고 한국으로 돌아가는 광주기독병원 의료선교팀을 배웅하던 노선교사의 눈에는 눈물이 흘렀다. 정든 광주기독병원 직원들과 헤어지는 슬픔도 있었겠지만, 자신이 뿌린 씨앗에서 돋아나는 어리고 푸른 순을 직접 눈으로 보는 기쁨도 있었을 것이다. 방글라데시만큼이나 가난했던 나라에서 자신이 문을 연 작은 병원이 종합병원이 되어 지금 자신이 사역하는 나라에 의료선교로 도우러 왔으니 얼마나 감사하고 자랑스러웠겠는가. 하나님은 평생을 헌신한 노선교사를 사랑하여 사역의 열매를 볼 수 있는 선물을 준비하셨다.

닥터 카딩턴이 한국을 떠나기 전 1973년 5월 16일, 빌리 그레이엄 목사의 설교를 듣기 위해 여의도 광장에 모인 백만 명이 넘는 성도들을 목도하고 그는 이렇게 편지에 썼었다.

> 빌리 그레이엄은 한국이 하나님의 성령 아래 모든 아시아와 전 세계에 손을 뻗을 수 있는 영적 리더십과 많은 성도들, 그리고 헌신하는 마음을 가지고 있다고 말했습니다. 우리는 이것이 바로 진실임을 느꼈습니다. 그는 자신이 전 세계적으로 사역을 하고 있지만 한국의 교회와 성도들이 합심하여 이렇게 많이 모인 것이 증명하듯 한국보다 주님의 말씀에 더 크게 반응하는 나라는 없었다고 말했습니다.[19]

그는 언젠가 자신이 그랬던 것처럼 한국의 후배 의사들 가운데 하나님의 말씀과 의술로 가난한 사람들의 영혼과 병든 육체를 치료해 주는 선교사들이 나올 것이라고 믿었다.

닥터 카딩턴은 1998년 즈음부터 사역을 접을 계획을 세우고 있었다. 전립선암을 앓고 있었고 노환으로 방글라데시에 머물기가 힘이 들었다. 그는 자신의 뒤를 이어 텔레구 클리닉에서 일할 의사도 알아보았다.

선교팀 가운데는 광주기독병원 내과 김현남 선생도 있었다. 김 선생은 1971년부터 4년 동안 닥터 카딩턴 밑에서 인턴과 레지던트를 지내고 군복무를 마친 후 돌아와 결핵내과를 맡고 있었다. 사실 그는 몇 년 전, 병원 홈커밍데이 행사로 광주에 왔던 닥터 카딩턴을 다시 만난 적이 있었다. 쌀쌀한 늦가을이었는데 닥터 카딩턴은 행사장에 오기 전, 새로 맞춰 준 양복 윗도리를 누군가에게 벗어 주고 얇은 니트 카디건 차림으로 나타나 사람들을 놀라게 했다. 사람들이 모아서 건넨 선교비도 어려운 사람들에게 다 나눠 주고 빈손으로 갔다고 한다. 그 후 닥터 카딩턴은 김 선생에게 편지를 보내 자신이 사역을 마치려 하는데 혹시 방글라데시로 올 생각이 있느냐고 물었다. 그때는 준비되어 있지 않아 확답할 수 없었지만 지금 그는 선교사로 나갈 마음을 먹고 있었다.

방글라데시에 다녀왔던 광주기독병원 원목실 박재표 목사는 그 후 병실에서 한 노인을 만나 닥터 카딩턴의 이야기를 들었다.

"내가 열네 살 때 결핵에 걸려 제중병원에 와서 고 원장을 만났습니다. 퇴원하면 당장 먹고살 길이 없었지요. 고 원장님은 내가 시계 고치는 기술을 배울 수 있도록 뒷받침해 주셨습니다. 그분은 제 평생의 은인입니다."

선교팀이 방글라데시를 다녀온 이듬해 1999년 1월, 광주기독병원은 정식으로 해외의료선교를 위한 광주기독병원선교회를 발족했다. 이전에는 주로 국내 의료봉사를 했는데 이후로는 매년 두세 차례 방글라데시, 캄보디아 등으로 한 해도 거르지 않고 의료선교를 나갔다. 닥터 카딩턴의 사랑에 보답하려는 책임감에서 시작된 의료선교의 어린 싹은 어느덧 푸른 나무가 되어 자라 가고 있었다.

1999년 말, 닥터 카딩턴은 선교 사역에서 완전히 물러나 노스캐롤라이나 블랙마운틴으로 돌아갔다. 하나님은 당신과 50년을 함께하며 때로는 거친 파도와 때로는 전쟁터와 때로는 슬픔의 바다를 건너면서도 한 번도 주님을 향한 믿음을 잃지 않은 신실한 노선교사에게 영원으로 가는 마지막 안식년을 준비해 주셨다.

내가 너희를 떠나지 아니하리라

　방글라데시에서 닥터 카딩턴과 페이지 여사와 같이 살았던 박혜인 선교사는 미국에 있는 동안 미국 장로교단 은퇴 선교사들이 모여 사는 노스캐롤라이나 서쪽 끝 블랙마운틴을 방문했다. 광주기독병원의 닥터 카딩턴 부부, 전주 예수병원의 닥터 데이비드 실, 닥터 폴 크레인, 베티 린튼, 그리고 여수, 순천 등지에서 사역했던 별처럼 빛나는 선교사들이 다 모여 살고 있었다. 그들은 여전히 한국을 위해 기도했다. 하나님의 뜻을 따라 가난한 나라에서 평생을 헌신하고 아무것도 가진 것 없이 돌아온 믿음의 용사들이었다. 무어라 말할 수 없는 감동이 밀려왔다.
　닥터 카딩턴은 무언가 보여 줄 것이 있다며 박 선교사를 집 뒤로 이끌었다. 그곳에는 낚시의자 하나 들어갈 만한 아주 허름하고 작은 오두막이 있었다. 닥터 카딩턴이 직접 만들었다고 한다.

"나는 여기서 혼자 기도하고 책 읽는 것이 가장 행복합니다."

한국과 방글라데시의 가난한 사람들을 위해 50년을 보낸 그의 작은 의자의 행복은 세상 어떤 것에도 비할 수 없을 만큼 커 보였다.

2002년, 김정중 목사는 영광대교회에서 목회 은퇴를 앞두고 있었다. 그는 마지막으로 닥터 카딩턴을 만나러 블랙마운틴으로 갔다. 닥터 카딩턴과 페이지 여사는 얼굴 가득 함박웃음을 지으며 길가까지 나와 그를 기다리고 있었다. 미국에서 목회를 하는 김 목사의 아들을 보며 그들은 진심으로 기뻐했다.

닥터 카딩턴의 숙소에는 여러 대의 모형 비행기들이 걸려 있었다. 그가 직접 만든 것들이었다.

"예, 이 비행기로 아이들 전도하면 좋지요."

82세 노선교사의 마음속엔 아직도 선교의 열정이 남아 있었다. 김정중 목사는 생명의 은인이며 삶의 길잡이, 그의 아버지 같은 닥터 카딩턴과 마지막이 될 수도 있는 시간을 함께 지냈다.

고향집에 돌아와 죽을 날만 기다리던 열여덟 살 중증폐결핵 환자였던 그는 닥터 카딩턴을 만나 하나님을 믿고 몸과 영혼이 살아나 목사가 되었다. 왼쪽 폐는 거의 없어 빨리 걷기도 힘든 몸으로 교회를 부흥시키고 명예롭게 물러날 나이가 되었다. 자녀도 사남매나 두었다. '혹시 살랑가' 싶어 겨우 제중병원의 차에 올랐던 병든 청년에게 이런 꿈 같은 축복이 기다리고 있을 줄 아무도 몰랐다.

"김 선생, 같이 갑시다."

회색 밴에 올라 갱생원으로, 고아원으로, 교도소로, 윤락가로, 병원으로 부지런히 주님의 일을 하러 가던 젊은 닥터 카딩턴. 몸은 병들었으나 예수님을 믿고 무서울 것도, 두려울 것도 없이 그를 따라 나섰던 뜨거웠던 청년. 두 사람은 후회 없는 아름다운 시절을 보냈다.

닥터 카딩턴과 김정중 목사는 눈물로 이별했다. 두 사람은 이제 천국에서 만나게 될 것이었다.

이듬해 2003년 3월 12일, 비교적 건강하던 페이지 여사가 심낭감염으로 먼저 하나님의 부르심을 받았다. 사랑하는 아내이자 평생 주님의 일을 함께한 동지인 페이지의 죽음 앞에서 닥터 카딩턴은 두 아이들을 먼저 보낼 때처럼 평안했다.

"이제 페이지는 주님과 함께 있구나."

닥터 카딩턴은 고관절 골절로 침대에 누워 있었다. 네 명의 자녀들과 배우자들, 그리고 27명의 손자, 손녀, 증손들이 그의 침대를 둘러쌌다. 장남 허버트는 목사가 되었고, 둘째 아들 데이비드는 군목이 되었다. 셋째 아들 루이스는 문서선교회 선교사였다.

"우리 아이들, 주님 안에서 옳은 길로 다녀 이렇게 다 여기 모여 있구나."

닥터 카딩턴은 어린아이처럼 밝게 웃으며 모두를 축복해 주었다.

아내를 주님께 보낸 지 넉 달 후, 7월 19일, 83세의 닥터 카딩턴도 지극히 평안하게 영원한 안식에 들어갔다.

그의 장례식은 블랙마운틴 장로교회에서 열렸다. 추모사는 광주 기독병원 송경의 원장, FOB의 페이스 윌라드 여사와 전주 예수병원 원장이었던 닥터 크레인이 했다.

페이스 윌라드는 1975년 방글라데시에서 처음 닥터 카딩턴을 만난 후 1999년 사역을 마칠 때까지 그를 후원한 사람이었다. 그녀는 한 인터뷰에서 닥터 카딩턴에 대해 이렇게 말했다.

"저는 닥터 카딩턴에게서 하나님을 보았습니다."[20]

데이비슨 대학 때부터 오랜 친구이자 한국 선교사 동지인 닥터 크레인은 이런 말로 그의 추모사를 마쳤다.

"저의 인생에서 아주 소수의 성자를 알고 있습니다. 그러나 저는 허브 카딩턴을 진실한 성자의 반열에 올려놓고 싶습니다."[21]

"작은 예수", "광주의 성자" 등 그를 부르는 많은 이름들이 있지만 닥터 카딩턴이 가장 좋아했을 말은 따로 있었다. 바로 한국의 거지들이 했던 말이다.

"고허번 원장은 내 친구여."

그는 페이지와 함께 블랙마운틴 메모리얼 파크에 묻혔다. 닥터 카딩턴 자신이 미리 정해 놓았던 그의 묘비에는 이렇게 적혀 있다.

"내가 결코 너희를 버리지 아니하고 너희를 떠나지 아니하리라"(히 13:5).

거지들의 대장이며 친구였던 닥터 카딩턴은 그들을 끝까지 버리지 않았고, 주님은 그를 떠나지 않으셨다. 자신이 가진 모든 것, 의술, 재산, 피와 생명까지 아무것도 아끼지 않고 가난한 이웃에게 주었던 그는 아주 가볍게 천국으로 입성해 주님의 품에 안겼다.

통기 클리닉에서 진료를 기다리고 있는 사람들
방글라데시 수도 다카에서 북쪽으로 25킬로미터 떨어진 통기 난민촌에 마련된 결핵 진료소였다.

클리닉 직원들과 함께 예배를 드리며 시작하는 일상

아이를 진료하고 있는 노년의 닥터 카딩턴(1980년대 초)
대나무 의자 하나만 있으면 그가 앉는 곳은 어디든 진료소가 되었다.

올드다카 텔레구 지역의 아이들
닥터 카딩턴은 자신이 가진 모든 것을 아무것도 아끼지 않고 가난한 이웃에게 나눠 주었다.

에필로그

닥터 카딩턴과 제중병원 개원 초기에 함께 일했던 김성진 선생은 1981년 12월, 방글라데시에서 열린 학회에 갔다가 닥터 카딩턴을 만났다. 시내 빈민촌 가운데 다 허물어져 가는 움막이 그의 진료실이었다.

"저도 여기 와서 돕겠습니다."

김성진 선생이 진심으로 말했다.

"예, 그러면 좋겠지만, 닥터 김이 이곳에서 살 수 있겠습니까? 나중에 내가 의사 숙소라도 제대로 짓고 부르겠습니다."

그 약속은 지켜지지 못했다. 어느덧 시간이 지나 닥터 카딩턴은 미국으로 돌아갔다. 김성진 선생은 2000년부터 중국 산둥성 무의촌 시골마을에서 환자들을 돌보았다. 부산 왈레스침례병원 병원장직에서 은퇴한 후였다. 나무상자에 약을 짊어지고 다니며 가난한 사람들을 진료하는 그를 사람들은 "맨발의 의사"라고 불렀다. 발로 뛰는 의사라는 뜻이었다. 중국의 매체들은 그를 "중국을 감동시킨 한국의

사", "한국에서 온 노먼 베쏜"이라고 불렸다.

이용만 선생은 잘 나가는 개업의였다. 어느 날 그는 아내에게 병원을 접고 선교사로 가겠다고 선언했다. 아내도 흔쾌히 허락을 해주었다. 그는 선교사로 나가기 전 사전준비를 위해 1991년 방글라데시를 방문했다. 그는 한 교민의 집에서 닥터 카딩턴을 만나 함께 사진을 찍었다. 탐방을 다녀온 후, 이용만 선생의 집을 방문한 그의 큰누나가 이 사진을 보고 깜짝 놀라며 말했다.

"용만아, 이 의사가 누나 살려 준 사람이야."

큰누나는 제중병원이 막 문을 열었을 때, 자궁외임신으로 사경을 헤매다가 닥터 카딩턴이 살려 준 이판순 씨였다. 그때 큰누나는 총명한 남동생이 의사가 되어 자기를 살려 준 벽안의 의사처럼 되기를 기도했었다.

이용만 선생은 큰누나에게 전도를 받아 예수님을 믿었고 의사가 되었으며 선교사로 나가게 되었으니 참 놀라운 하나님의 은혜이며 계획이었다. 이 선교사는 1993년 KOICA(한국국제협력단) 정부 파견 의사로 방글라데시 통기 클리닉으로 갔다. 이 선교사는 방글라데시와 네팔에서 사역하고 2008년 대한민국 해외봉사상을 수상했다.[1]

미군부대 하우스보이를 하다가 온몸이 뒤틀리는 병이 든 채 닥터 카딩턴의 집으로 왔던 고아소년 지미는 후원자를 만나 미국으로 갔다. 그는 수술을 받은 후, 조지아 주의 기독교 사립 기숙사 학교인 레이번 갭 나쿠치(Rabun Gap-Nacoochee) 고등학교 10학년에 들어갔다. 한국에서 정규교육을 전혀 받지 않은 소년에게 입학이 허락된 것은 이례적인 일이었다. 닥터 카딩턴의 집에서 페이지 여사의 지도를 받으며 영어로 된 책과 백과사전으로 공부했던 그의 지적 수준을 인정받은 것이다. 그는 매사추세츠 주 정부기관에서 일하면서 보스턴의 서퍽 대학교에서 법학 박사학위를 받았다. 그의 자녀들은 지금도 카딩턴 가의 자녀들과 가족처럼 지내고 있다.

닥터 카딩턴에게 방글라데시 선교사 제의를 받았던 김헌남 선생은 2001년 은퇴 후 의료선교사로 나가 에티오피아 명성기독병원에서 사역한 후 한국으로 돌아왔다.

닥터 카딩턴이 피를 토하고 쓰러진 결핵 환자의 입에 자기 입을 대고 직접 인공호흡을 하는 것을 보고 크게 회심했던 김재창 선생은 장로가 되었고 창덕의료재단을 세웠다. 80세가 된 지금도 닥터 카딩턴처럼 환자들에게 예수님을 전하며 진료를 계속하고 있다.

2014년 7월, 통기 클리닉에서 닥터 카딩턴과 함께 사역했던 이용웅 선교사는 한국에 돌아온 지 27년 만에 아내와 함께 방글라데시를 방문했다. 통기 클리닉은 광주기독병원 출신 가정의학과 이석로 선교사가 맡고 있었다.[2] 이 선교사의 진료실에는 다카를 떠나기 전 마지막으로 진료하는 닥터 카딩턴의 사진이 크게 걸려 있었다. 진료소 입구 우측으로는 새로운 건물이 세워졌고, 청각장애인 20명이 두 선생님과 함께 공부하고 있었다. 진료소는 여전히 가난한 사람들로 북적였다. 빈민촌에는 작은 상점들이 넘쳤다. 이곳 사람들도 축구를 좋아하는지 월드컵 현수막이 걸려 있었다.

이 선교사 부부는 예전에 살던 사택도 돌아보았다. 쓰레기 더미와 맨발의 아이들이 놀던 동네도 많이 변해 고층 아파트가 서 있었다. 이 선교사가 콤스(KOMMS)의 원조로 부지를 구입했던 꼬람똘라(Koramtola) 병원도 방문했다. 다카에서 북쪽으로 두 시간 거리에 있는 가지뿔 지역의 그 땅을 구입한 후 그는 방글라데시 사역을 마치고 한국으로 돌아왔었다.

꼬람똘라 병원은 내과, 외과, 산부인과, 안과 등이 있었고 의사와 직원이 60명이 넘었다. 광주기독병원 100주년 기념으로 지은 5층의 선교관도 훌륭했다. 4층은 예배실로 주일과 아침에 직원예배를 드리는 곳이고, 3층은 게스트하우스, 1층은 간호사 양성학교로 쓰였다. 에어컨이 나오는 게스트 룸에서 샤워까지 하다 보니 이 선교사는 처음 방글라데시에 도착해 닥터 카딩턴의 집에서 모기에 뜯기고 더위에 고생하던 때가 생각났다.

닥터 카딩턴이 공식적인 선교 사역을 마친 후 개인적으로 열었던 올드다카의 텔레구 움막 진료소는 2층 콘크리트로 된 사이다밧 진료소가 되어 한국 의사 선생이 맡고 있었다.[3] 곧 없어질 것같이 위태하고, 한없이 미약했던 진료소들은 어엿한 병원이 되어 닥터 카딩턴도 상상 못했던 많은 일들을 해내고 있었다. 그가 뿌린 씨앗이 한국 그리스도인 의사들의 헌신으로 아름답게 커 가고 있었다. 대나무 의자 하나만 있으면 어디서나 환자를 진료했던 닥터 카딩턴의 사랑과 열정이 그 모든 기적의 시작이었다.

2019년 7월 1일부터 3일까지 루이스와 엘스베스 카딩턴(Lewis & Elsbeth Codington) 선교사 부부는 대천 앞바다에 있는 육도에 갔다. 탈북 청소년들과 교사들 15명이 봉사활동을 하기 위해서였다. 루이스는 닥터 카딩턴의 셋째 아들이다.

육도는 아주 작은 섬으로 60여 가구가 살고 있다. 봉사팀은 벽지를 갈아붙이고 페인트를 새로 칠했다. 육도에서는 멀리 대천 해수욕장이 보였다. 그 사이에는 낙타 모양의 무인도가 하나 있다. 선교사의 아이들이 몬스터 섬이라고 부르던 곳이었다. 루이스는 그 섬을 사진으로 찍었다. 여섯 살짜리 필립이 사진 속에서 환하게 웃고 있었다. 필립은 대천 해수욕장에서 수영을 하다 죽은 루이스의 동생이다.

루이스와 엘스베스 카딩턴 부부는 기독교문서선교회(Christian Literature Crusade) 소속 선교사로 오랫동안 공산권 나라에서 사역했다. 2018년부터 한국에 들어와 탈북 청소년들에게 영어를 가르치며 그 아이들이 갖고 있는 상처를 하나님의 사랑으로 치유해 주고 있다.

광주에서 태어난 그는 아버지로부터 하나님을 경배하는 법을 배웠다. 그는 부모님이 그리스도인의 희생적인 삶을 말이 아닌 행동으로 보여 주신 것에 진심으로 감사하고 두 분을 존경한다.

"선교사들이 현장에 나가면 수많은 어려움을 겪습니다. 저는 부모님의 헌신적인 선교사의 삶을 그대로 보고 배웠습니다. 우리는 부모님께 축복과 위대한 유산을 물려받았습니다."

루이스 선교사는 9명의 아이들을 낳았다. 최근 장남인 윔(Wim)이 회계사를 그만두고 선교사가 되기로 했다. 그는 미국에 사는 이집트 사람들을 위한 선교를 할 예정이다. 하나님께서 이 가정에 부어 주신 위대한 축복인 선교의 열정은 계속 이어질 것이다.

루이스 선교사는 아버지 닥터 카딩턴을 따뜻한 아버지, 훌륭한 선교사, 그리고 세상에서 가장 존경하는 "나의 영웅"이라고 부른다.

닥터 카딩턴은 스물아홉부터 백발노인이 될 때까지 50년을 한국과 방글라데시의 가장 가난한 사람들 곁에 있었다. 두 자녀를 잃었고, 아내는 병이 들었으며, 자신은 암에 걸렸으나 끝까지 주님을 믿으며 선교 사역을 마쳤다. 그는 선교편지 이외에는 자신을 위한 어떤 기록도, 재산도, 기념물도, 단체도 남기지 않았다. 그는 의료나 구제를 선교의 수단으로 생각하지 않았다. 그저 자신이 가진 모든 것을 예수님의 사랑으로 이웃에게 나눠 주었을 뿐이다.

닥터 카딩턴, 그는 진실로 하나님만 바라보며 산 멈출 줄 모르는 위대한 선교사였으며, 가난하고 아픈 자들의 친구가 되어 준 사랑의 의사였다.

은퇴한 닥터 카딩턴과 페이지 여사

1999년 말, 닥터 카딩턴은 한국과 방글라데시아에서의 50년 선교 사역을 마치고, 미국 장로교단 은퇴 선교사들이 모여 사는 노스캐롤라이나 블랙마운틴에 머물렀다.

작가의 글

조각들을 이어 맞춰 닥터 허버트 카딩턴 선교사의 모습을 그려 보았습니다. 증언 하나하나가 모두 빛이 나서 어느 것도 버릴 수 없었습니다. 그리움과 고마움으로 닥터 카딩턴의 이야기를 들려주신 분들께 진심으로 감사를 드립니다.

닥터 카딩턴의 전기를 쓰면서 이번처럼 하나님의 인도하심을 경험한 적이 없습니다. 10여 년 쯤, 닥터 카딩턴의 전기를 써 보려고 시도한 적이 있었습니다. 그때 건강하셨던 여성숙 선생님과 양한묵 목사님을 만났습니다. 닥터 카딩턴의 선행은 들을수록 믿기지 않았습니다. 설마 선교사가 그렇게까지 했을까, 싶었습니다.

하나님께서는 2017년 닥터 카딩턴의 셋째 아들 루이스 선교사를 만나게 해주셨습니다. 그와 카딩턴 가족의 도움에 힘입어 다시 인터뷰를 시작했습니다. 김정중 목사(영광대교회 원로목사)와 35명의 증인들은 말로만 전해 오던 닥터 카딩턴의 선행을 직접 목격한 분들이었습니다. 가난했고, 병들었으며, 폭력배였고, 신앙도 없었고, 똥지게를

졌지만 닥터 카딩턴의 사랑으로 변화되고 소망을 향해 걸어갔던 분들입니다. 기억이 흐려져 연도가 정확하지 않을 수 있습니다. 하지만 연로하신 분들이 눈물을 흘리며 들려주신 증언만큼 믿을 수 있는 자료는 없었습니다.

특별히 닥터 카딩턴을 존경하여 전기를 내자고 기획하고 독촉한 임영국 원장님(아산 미래한국병원)과 사진과 자료를 보내 준 닥터 카딩턴의 자녀들, 제중병원 장치만 전도사님의 사위로 닥터 카딩턴을 알고 있는 분들을 최선을 다해 연결해 주신 김덕현 장로님(전 광주기독병원 행정부부장)의 도움 없이 이 책은 완성될 수 없었습니다. 깊은 감사를 드립니다.

사랑의 의사이며, 열정적인 선교사, 아는 것과 삶이 일치했던 그리스도인, 그리고 가난한 자들의 친구였던 닥터 카딩턴의 이야기가 예수님을 따라가는 우리들에게 주님의 항구를 가리켜 주는 밝은 등대불이 되길 기도합니다.

이기섭

연표

1920.	10. 7.	미국 노스캐롤라이나 주 윌밍턴 시 체스트넛 스트리트 1612번지 출생
1937-1941.		데이비슨 대학
1941-1944.	9. 26.	미국 코넬 의과대학
1945.	7. 6. ~	미국 육군의료단 군복무
1946.	12. 15.	
1946-1947.		미국 사우스캐롤라이나 섬터 투어미 병원 인턴
1947-1948.		유니온 신학교(Union Theological Seminary Richmond)
1947.	10. 16.	미국 남장로교 선교부로부터 한국 선교사로 지명 받음
1948-1949.	2.	예일대학교 동양어학연구소(Yale institute of Far-Eastern Language)에서 한국어를 배움
1949.	4. 8.	메리 리틀페이지 랭커스터와 결혼, 사우스캐롤라이나 섬터 제일장로교회
1949.	6. 30.	로스앤젤레스에서 아프론디아 호를 타고 한국으로 출발
1949.	7. 22.	한국 첫 선교지인 목포에 도착
1950.	3. 26.	장남 허버트 유진 출생, 한국 전주
1950.	6. 29.	한국전쟁 발발로 일부 선교사와 가족들은 부산에서 일본 후쿠오카로 떠남. 닥터 카딩턴은 부산에 남아 한국 제5육군병원에서 부상자들 치료
1951.	9.	남장로교 선교부의 결정에 따라 목포 프렌치 병원에서 광주로 옮겨 그래함기념결핵요양소(광주제중병원) 재개원. 광주제중병원 제5대 원장 취임
1951.	11. 5.	장녀 줄리아 네빌 출생, 일본 고베
1952.	11. 28.	차녀 메리 페이지 출생, 일본 고베
1953.		한국 의사 자격증 취득
1953.	7.	첫 번째 안식년
1954.	4. 28.	차남 데이비드 펙 출생, 미국

1954.	7. 30.	안식년을 마치고 한국으로 출발, 송등원 이사
1956.	7. 9.	삼남 루이스 랭커스터 출생, 한국 광주
1959.	6. 23.	전라남도 지사에게 감사장을 받음
1959.	7. 1.	두 번째 안식년
1960.	8. 13.	사남 필립 톨런드 출생, 한국 광주
1962.	8. 15.	한국 정부로부터 한국 국민보건 및 사회복지 향상에 기여한 공로로 공익포장증을 받음
1964.		'그래함기념결핵요양소'(광주제중병원)에서 '광주기독병원'으로 명칭 변경
1965.	7.	세 번째 안식년, 의료자선재단 사무국장을 맡음
1966.	4.	광주기독병원 원장직을 내려놓고 결핵내과 과장이 됨
1967.	8. 9.	막내아들 필립이 대천 해수욕장에서 사망
1972.	7.	제주도 방문 사역
1973.		한국 내과전문의 자격증 취득
1973.	3.	미국 남장로교 선교부에 방글라데시 선교사 정식 청원
1974.	3.	미국 남장로교 국제선교부 실행위원회에서 닥터 카딩턴을 선교회 최초 방글라데시 선교사로 파송 결정
1974.	7. 22.	광주기독병원에서 송별예배, 한국 정부로부터 대통령 훈장증과 감사패를 받음
1974.	8. 7.	한국을 떠나 방글라데시로 출발, 일본, 홍콩, 방콕을 거쳐 8월 27일 다카에 도착
1975.	4.	통기 난민촌에 결핵 진료소 시작
1980.	12. 22.	장녀 줄리아 카딩턴이 노스캐롤라이나 스완나노아에서 교통사고로 사망
1985.	1.	공식적인 선교사역 은퇴. 자비와 개인 후원금으로 올드다카 텔레구에서 계속 진료
1993.	8.	방한, 광주시 명예시민증을 받음
1999.		방글라데시 사역을 마치고 미국으로 돌아감. 블랙마운틴에 거주
2003.	3. 12.	아내 페이지 카딩턴 소천
2003.	7. 19.	닥터 허버트 카딩턴 소천, 블랙마운틴 마운틴 뷰 메모리얼 파크에 안장

미주

1. 선한 일을 하라

1) 1999년 4월 8일, 닥터 카딩턴의 선교 50주년, 결혼 50주년 기념 가족모임에서 닥터 카딩턴이 한 말, 닥터 카딩턴 가족 제공 자료.
2) 1949년 9월 6일 선교편지.
3) 소피 몽고메리 크레인 지음, 『기억해야 할 유산』, 정병준 역, 한국장로교출판사, p. 137.
4) 위의 책, p. 95.
5) 위의 책, p. 132.
6) 1949년 9월 6일 편지.
7) 1949년 12월 편지.
8) 1950년 8월 27일 편시.
9) 이 드라마 같은 이야기는 닥터 카딩턴이 닥터 디트릭에게 들려준 일화다. KWANGJU CHRISTIAN HOSPITAL, *The Missionary Years 1905-1976*, Ronald B. Dietrick, MD, pp. 227-228.
10) 닥터 카딩턴이 가족모임에서 한 이야기.
11) 조지 톰슨 브라운 지음, 『한국 선교 이야기』, 천사무엘, 김균태, 오승재 옮김, 인돈학술총서 1, 동연, p. 266.
12) 소피 몽고메리 크레인의 책, p. 141.
13) 1950년 10월 24일 편지.
14) 위의 편지.
15) 1951년 11월 24일 편지.
16) 소피 몽고메리 크레인의 책, p. 135. 원래 명칭은 요양소(Sanatorium)지만 병원(Hospital)으로 불렸다.

2. 그 의사의 이름은 '사랑'

1) 소피 몽고메리 크레인의 책, p. 176.

2) 1951년 11월 24일 편지.
3) 로날드 디트릭의 책, p. 234.
4) 1952년 6월 18일 편지.
5) 1952년 9월 25일 편지.
6) 1952년 2월 23일 편지.
7) 로날드 디트릭의 책, p. 240.
8) 여성숙 지음, 『꿈의 주머니를 별에다 달아매고』, 한산촌, p. 102 발췌, 재구성.
9) 위의 책, p. 105.
10) 위의 책, pp. 113-114 발췌, 재구성.
11) 위의 책, p. 115.
12) 위의 책, p. 114.
13) 위의 책, p. 116.
14) 위의 책, p. 122-123.
15) 1952년 6월 18일 편지.
16) 여성숙의 책, p. 119.
17) 1952년 9월 25일 편지.
18) 차종순 지음, 『성자 이현필의 삶을 찾아서』, 대동문화재단, p. 220.
19) 여성숙의 책, p. 117.
20) 1953년 1월 6일 편지.
21) 소피 몽고메리 크레인의 책, p. 142.
22) 1953년 5월 9일 편지.
23) 1954년 10월 5일 편지.
24) 위의 편지.
25) 로날드 디트릭의 책, p. 249.
26) 1954년 10월 5일 편지.
27) 조상기 광주기독병원 내과과장 증언.
28) 임락경 지음, 『임락경의 우리 영성가 이야기』, 홍성사, 2014, pp. 44-45.
29) 1955년 3월 4일 편지.
30) 1956년 2월 29일 편지.

31) 소피 몽고메리 크레인의 책, p. 177.
32) 1956년 10월 5일 편지.

3. 보리떡 다섯 개와 물고기 두 마리의 꿈

1) 고연규 청년은 박사학위를 따고 광주교육대학교 교수가 되었다.
2) 1957년 12월 7일 편지.
3) 로날드 디트릭의 책, p. 262.
4) 소피 몽고메리 크레인의 책, p. 46.
5) 로날드 디트릭의 책, pp. 268-270.
6) 위의 책, p. 273.
7) 위의 책, p. 274-275.
8) 차종순의 책, p. 266.
9) 『소화 설립 50년사』, 사회복지법인 소화자매원, p. 103.
10) 1956년 10월 5일 편지.
11) 1952년 2월 23일 편지.
12) 1952년 9월 25일 편지.
13) 1956년 10월 5일 편지.

4. 천국은 아이들의 것

1) 1956년 10월 5일 편지.
2) 위의 편지.
3) 로날드 디트릭의 책, p. 262.
4) 1959년 8월 12일 편지.
5) 1960년 7월 15일 편지.
6) 로날드 디트릭의 책, p. 283.
7) 소피 몽고메리 크레인의 책, p. 178.
8) 1960년 11월 17일 편지.
9) 조지 톰슨 브라운의 책, pp. 277-278.
10) 루이스 카딩턴의 증언.

11) 1962년 1월 19일 편지.

12) 위의 편지.

13) 위의 편지.

14) 1961년 6월 23일 편지.

15) 1961년 12월 편지.

16) 1962년 크리스마스.

5. 나는 내 환자 못 버립니다

1) 송현강 지음, 『미국 남장로교의 한국 선교』, 한국기독교역사연구소, p. 16.

2) 소피 몽고메리 크레인의 책, p. 94.

3) 여성숙의 책, p. 123.

4) 엄두섭 지음, 『맨발의 성자』, 은성, p. 143.

5) 동광원은 현재 장애인과 정신지체인을 위한 복지시설 귀일원이 되었고, 무등원은 소화자매원이 되었다.

6) 엄두섭의 책, p. 142.

7) 소피 몽고메리 크레인의 책, p. 180.

8) 1965년 8월 24일 편지.

9) 위의 편지.

10) 1966년 5월 30일 편지.

6. 내가 내 양을 알고

1) 1964년 1월 13일 편지.

2) 소피 몽고메리 크레인의 책, p. 186.

3) 로날드 디트릭의 책, p. 363.

4) 뉴스마 지음, 『영혼까지 웃게 하라』, 홍성사, p. 105-106.

5) 로날드 디트릭의 책, p. 354.

6) 1967년 8월 17일 편지.

7) 뉴스마의 책, p. 26.

8) 위의 책, p. 43.

9) 위의 책, p. 62.
10) 위의 책, p. 192.
11) 1968년 2월 13일 편지.
12) 위의 편지.
13) 위의 편지.
14) 김재창 원장과의 인터뷰와 국민일보 "역경의 열매", 1995년 5월 10-23일 기사에서 발췌 재구성.

7. 고허번 원장을 만나야겠습니다

1) 장영일, 이문균 지음, 『사랑의 빚을 갚으려다 - 정성균 선교사의 삶과 선교 활동』, 한남대학교 출판부, pp. 15-117 인용 및 재구성.
2) 로날드 디트릭의 책, p. 384.
3) 1970년 8월 11일 편지.
4) 1969년 10월 29일 편지.
5) 위의 편지.
6) 1969년 12월 29일 편지, 뉴스마의 책, pp. 176-177. www.youtube.com/watch?v=-hFs2jEI2vQ에서 곡 전체를 들을 수 있다.
7) 로날드 디트릭의 책, p. 359.
8) 위의 책, p. 338.
9) 1970년 8월 11일 편지.
10) 위의 편지.
11) 로날드 디트릭의 책, p. 429.
12) 위의 책, pp. 416-417.
13) 1973년 9월 9일 편지.
14) 위의 편지.
15) 장영일, 이문균의 책, p. 142.
16) 위의 책, pp. 153-154.
17) 로날드 디트릭의 책, p. 443.

8. 내 영혼아 주를 송축하라

1) 한국기독교해외의료선교회 콤스(KOMMS)는 한국의 7개 기독병원, 광주기독병원, 대구동산의료원, 부산일신기독병원, 안동 성소병원, 여수 애양병원, 전주 예수병원, 포항선린병원이 1979년 함께 설립했다.
2) 1974년 8월 9일 편지.
3) 장영일, 이문균의 책, p. 160-166.
4) 위의 책, p. 167.
5) 1974년 9월 편지.
6) 장영일, 이문균의 책, p. 180.
7) 1974년 12월 편지.
8) 장영일, 이문균의 책, p. 188-190.
9) 1975년 4월 편지.
10) 1975년 8월 편지.
11) 1976년 2월 편지.
12) 1976년 6월 편지.
13) 1976년 10월 편지.
14) 1978년 8월 편지.
15) 1980년 4월 15일 편지.
16) 1985년 3월 29일 편지.
17) 강원희 지음, 『히말라야 슈바이처』, 규장, p. 196.
18) 위의 책, pp. 204-205.
19) 1973년 6월 3일 편지.
20) Nancy Snell Griffith, Charles E. Raynal, *Presbyterians in South Carolina 1925-1985*, WIPF & STOCK, 2016, p. 28.
21) 광주기독병원, 『아름다운 멈춤 - 고허번(H. A. Codington) 선교사 추모 자료집』, p. 65.

에필로그

1) 한국국제협력단 지음, 『한국의 슈바이처들』, 휴먼드림, pp. 122-123.
2) 이석로 선교사는 2019년, 보령의료봉사상 대상을 받았다. 현재 꼬람똘라 병원에 있고, 통기 클리닉은 현지인 의사들이 맡고 있다.
3) 사이다밧 클리닉을 맡고 있던 권대성 선교사는 2007년부터 2014년까지 사역하고 꼬람똘라 병원으로 옮겼으며, 2019년에 한국으로 돌아와 광주기독병원에 근무하고 있다. 현재 벵골인 의사들과 한국인 협력의사들이 돌아가며 진료하고 있으며, 소액이지만 진료비를 받고 있다.

참고 논문 및 도서

강원희, 『히말라야 슈바이처』, 규장, 2011.
뉴스마, 『영혼까지 웃게 하라』, 홍성사, 2008.
광주기독병원, 『광주현대의료의 시작 - 사진으로 보는 의료와 선교 112년』, 2017.
광주기독병원, 『아름다운 멈춤 - 고허번(H. A. Codington) 선교사 추모 자료집』, 2003.
소피 몽고메리 크레인, 『지켜야 할 유산』, 정병준 역, 한국장로교출판사, 2011.
『소화 설립 50년사』, 사회복지법인 소화자매원, 2006.
송현강, 『미국 남장로교의 한국 선교』, 한국기독교역사연구소, 2018.
양국주, "바보라 쓰고 聖者로 읽는다", 월간조선, 2015년 1월호.
엄두섭, 『맨발의 성자 - 한국의 성프란치스코 이현필전』, 은성, 1990.
여성숙, 『꿈의 주머니를 별에다 달아매고』, 한산촌, 2000.
임낙경, 『우리 영성가 이야기』, 홍성사, 2014.
장영일, 이문균, 『사랑의 빚을 갚으려다 - 정성균 선교사의 삶과 선교 활동』, 한남대학교출판부, 1995.
조지 톰슨 브라운, 『한국 선교 이야기』, 천사무엘, 김균태, 오승재 옮김, 인돈학술총서 1, 2010, 동연.
차종순, 『성자 이현필의 삶을 찾아서』, 대동문화재단, 2010.
"호남 기독교 영성의 원류를 찾아서(II): 카딩톤 선교사의 생애를 중심으로", 신학이해 28집, 2004, 호남신학대학교, pp. 38-56.
김창모 편저, 『콤스 35주년사: 방글라데시 의료선교 1979-2014』, 한들출판사, 2015.
한국국제협력단 지음, 『한국의 슈바이처들』, 휴먼드림, 2011.
Herbert A. Codington, 선교편지, 1949년 9월 6일 - 1985년 3월 29일.
Nancy Snell Griffith, Charles E. Raynal, *Presbyterians in South Carolina 1925-1985*, WIPF & STOCK, 2016.
Ronald B. Dietrick, MD, KWANGJU CHRISTIAN HOSPITAL, *The Missionary Years 1904-1976*, P. D. I Company, 2008.